一言难尽话民生

《书屋》编辑部◎编

保增长、保民生作为当代中国的关键词，
充斥在各种各样的媒体和会议中。
在全球性的金融危机尚未过去的时候，
保民生就显得格外沉重和紧迫。
民生问题包罗万象，单是上学难、就医难、住房难等问题就令政府犯难、令民众心焦。
民生与民权息息相关，
解决民生的根本之道当在落实民权吧。

书屋文丛

湖南教育出版社

图书在版编目（CIP）数据

一言难尽话民生/《书屋》编辑部编．—长沙：湖南教育出版社，2009.9

（书屋文丛）

ISBN 978－7－5355－6309－5

Ⅰ．一…　Ⅱ．书…　Ⅲ．社会问题—研究—中国　Ⅳ．D669

中国版本图书馆 CIP 数据核字（2009）第 172231 号

一言难尽话民生

《书屋》编辑部　编

责任编辑：胡长明

责任校对：胡长明

湖南教育出版社出版发行（长沙市韶山北路 443 号）

网　　址：http://www.hneph.com　http://www.shoulai.cn

电子邮箱：228411705@qq.com

客　　服：电话　0731—85486727　QQ　228411705

湖南省新华书店经销　湖南广播电视大学印刷厂印刷

718×1000　16 开　印张：16.5　字数：171800

2009 年 10 月第 1 版　2009 年 10 月第 1 次印刷

印数：1—4000

ISBN 978－7－5355－6309－5

G·6304　　定价：33.00 元

前言

保增长、保民生、保就业作为当下中国的关键词，充斥在各种各样的媒体和会议中。尤其是在全球性的金融危机尚未过去的情况下，民生问题便显得格外沉重和迫切，单是住房难、就医难、上学难等问题，就令政府犯难，让民众心焦。

《书屋》杂志历来注重弘扬理性和良知，有强烈的本土意识和现实关怀。许多作者读书不忘阅世，作文贴近实际，多年来向读者提供了一批高质量的探讨民生话题的学术随笔。比如对于公众关心的大学教育问题，《书屋》曾推出专栏，就大学扩招的影响及后果进行反思。论者认为，随着经济的发展和社会需求的变化，适当的大学扩招是必要的，但那种“大跃进”式的扩招则是失败的尝试。它不仅导致大学教育整体质量的下降，而且给就业带来前所未有的压力。据乐观的估计，现在每年毕业的六百多万大学生中，约有百分之六十多的人实现了就业，而剩下的则大多沦为依赖父母养活的“啃老族”。许多家庭投入数万元培养一个大学生，但毕业后即面临失业，久而久之将会形成严重的社会问题。

又比如，对于税收和财政问题，许多学者呼吁在税收的宣传、征收和运用上，应充分体现纳税人的主体地位以及权利和义务的统一。纳税人有照章纳税的义务，但同时也有对税收运用的知情权和监督权。中国屡见不鲜的偷逃税款的现象不单是个道德问题，从本质上说，它反映了政府与纳税人在权利与义务关系方面的不对称。作为法律上的权利与义务主体的纳税人，以享受宪法规定的各项权利为前提，以依从宪法而制定的税收法律为依据，履行纳税义务，以便国家具备为公民提供公共服务的能力。税收是政府财政的主要来源，为了确保税收取之于民，用之于民，政府行政就必须确立“公共财政”的概念和信息公开的制度。过去那种笼统的预算和决算难以避免暗箱操作和铺张浪费的嫌疑，只有让每一笔钱花得明明白白，而且富有效率，纳税人才会最终满意政府的行政。税收看似一个经济问题，实际上却是现代国家政治生活的核心。培养公民意识和公仆意识，首先得从厘清纳税人与政府的关系做起。

再比如“三农”问题，改革开放三十年来，农民的生活和农村的面貌都有所改善，但城乡差别却在逐步扩大。现代化的都市和相对落后的农村，让人看上去恍如隔世。论者以为，乡村的衰败特别是乡村文化的虚化，是中国现代化所面临的最大困境之一。在中国这样一个农民占主体的国家，应当探索出一条城乡协调发展的现代化新路。在新世纪，中国已进入工业反哺农业、城市支援乡村的时代，一系列惠农政策不仅要落到实处，而且还要进一步加大力度。中国传统乡村社会虽然不是一曲美妙的牧歌，但却有自治的古老传统和习俗，所以国家权力在向乡村渗透的过程中，应对农村原有的互助、宗教、公益以及娱乐方式予以“同情之理解”。

中国的民生问题,解决起来复杂而又艰巨。针对中国的基尼系数已超过国际警戒线，许多学者十分关注社会财富分配中的公平和公正,其中有人提出了“更多市场经济、更多社会主义”的主张。所谓“更多市场经济”,即着眼于财富的创造,它要求始终不懈地坚持市场在资源配置中的主体地位,打破一切不合理的垄断,激发社会的创造活力,特别要防止“国进民退”和“大富小穷”,因为民营企业对GDP的贡献率和就业率都超过国营企业。民营经济的不振,将会给中国经济带来长远的消极影响;所谓“更多社会主义”,即要理直气壮地弘扬社会主义的本质理念,让全体人民共享改革发展的成果。一些自由主义的经济学家,谈起“社会主义”便十分暧昧,甚至将呼吁公平分配的呼声斥之为乌托邦或民粹主义。它们的主张或许只会加深贫富分化的鸿沟。

民生与民权息息相关。在近年来的思想解放运动中,有些地方提出在继续让利于民的同时要更侧重于还权于民。这一新的观点为民生的改善提供了更为广阔的空间。中国不可能再回到计划经济的时代,倒退没有出路。社会主义的市场经济和民生政治的协调发展,才能解决发展中的两极分化问题,也才能确保中国的长治久安。

胡长明

2009年9月6日

目 录

改善民生的关键在公平

建设一个公平的社会

一、"公平是至上的美德"

明确提出财富的公平分配是人类社会至高无上之美德的是罗纳德·德沃金，一个著名的美国经济哲学家。在其著作的开篇，他就明确提出，平等的关切是政治社会至上的美德；而宣称对全体公民拥有统治权并要求他们忠诚的政府，它必须对于全体公民的命运表现出平等的关切，否则其合法性值得怀疑。在解释其观点时，德沃金用的是法哲学的观点。他认为，财富分配的公平与否，实质是法律制度的产物。也就是说，是不公平的法律制度导致不公平的财富分配结果。而法律制度又是政治的最集中体现。法律制度不公平，政治当然缺乏合法性。由此，可以导出另外一套相关的逻辑：

一个追求财富公平分配的政治,当然会导致好的法律制度,因而也具备合法性。所以,平等具有至上的美德。

其实,从现代西方法律传统我们也能看出公平具有至高无上的价值。与我们中国某些学者强调的"程序正义高于结果"相反,英国学者戴维·米勒说,西方法律传统其实是"程序正义的马车不能停在实质公平这匹马之前"。古老的罗马法就区分严格法和衡平法,前者通过有专业素养的法官和律师严格依据法律规定与程序来保证判决程序正义的实现,而后者则通过普通公民组成的陪审团用来保证正义的判决同时是公平的,符合公民的常识、道德与良知。在两者发生冲突的时候,衡平法通常占据上风。在现代法律传统中,衡平仍然是法律理论和实践的基本原则。在普通法传统下,衡平法一直是大法官法庭所适用的独立法律分支,当衡平法和普通法发生冲突的时候,衡平法具有至高的优势地位。这使得建立在道德和公正之上的公平原则得以继续发展,并且被用来纠正在特定案件上适用正式法律规则带来的过分严厉或不公正的结果。在市民法传统下,尽管衡平法用作法律来源的限度要小于普通法传统,但市民法本身就已经把公平理念整合进正式法律,也就是说,公平被看做是法律的一部分,应该通过应用正式法律规则来实现。即使如此,就如同在普通法律体系中一样,倾向公平的法律条文被用来纠正应用其他正式规则而产生的不公平结果。由此看来,在现代法律传统中,公平始终是高于正义的,或者说,先有公平,后才有合法性可言。

当然,公平是至上的美德,并非是政治或法的观念,而更是我们人类社会中人性以及追求幸福的需要。

首先,追求公平是人类社会天生的偏好,最近几年发展的实验经济学成果有很好的证明。其中一个经典的例子是“最后通牒”游戏(the Ultimatum Game)。这一游戏构造了这样一种情境:有两个参与者A与B,给A一百美元钱,但前提是A必须提出一个被B所接受的划分这笔钱的方案,如果A提出的划分份额被B拒绝,那么A与B什么都得不到。两个参与者都不知道另一参与者的真实身份,且都被告知他们永远不会跟对方再次打交道。在这种情况下,按标准的经济学理论得出的结果,A提出的划分方案应该是给B尽可能小的份额,比如一美元,而B也一定会接受,因为A知道,对B来说,接受了毕竟意味着能得到一美元,而不接受什么也得不到。但是,实验者在高度异质的文化背景下进行了几百次实验,数额从一小时的报酬到一个星期的报酬都有,反复出现的情况是,A提出的分割方案给B的比例都很高,其中最频繁出现的分割比例竟然是百分之五十。这与标准经济学理论中人的自利性假说相反,表明人类有本能的追求公平的倾向。

世界银行2006年年度报告中还援引《自然》(*Nature*)杂志最近的一篇文章“猴子拒绝不平等的报酬”,以作为遗传学证据表明人类社会天生偏好公平。该文章说,两位动物学家利用棕色卷尾猴进行交易实验。实验人员把两只猴子放在相互隔开但彼此之间可以通过视觉和声音进行接触交流的两个笼子里,然后给两只猴子各一个代币,如果猴子把代币还给实验人员,就能立刻兑换成食物。在第一组平等性测试中,无论哪只猴子交还代币,它都将得到四分之一个黄瓜片,实验表明,两只猴子仅有不到百分之五的机会不愿意拿代币换食物。在此基础上,进行第二组不平等测试。考虑到卷尾猴在葡萄和黄瓜片之间更喜欢吃葡萄,第一个猴子交还代币,可以得到一粒葡萄;而第二个猴子交还代币,还是像往常一样得到黄瓜片。实验结果非常惊人:因为意识到交换的不平等,两只猴子不愿意拿代币换食物的概率竟然上升到百分之五十以上,且在能换到葡萄的猴子与只能换到黄瓜片的猴子之间概率差不多。

我们某些经济学家可能想当然地认为,应该是收入较低的人才更偏好公平,但上述两个实验都推翻了这一结论。一个同样有意思的调查结果是由近期国际社会调查项目(International Social Survey Program)提供的。在对几个经济发展与合作组织(OECD)国家进行调查后发现,这些高收入国家的公民表现出对平等的强烈偏好,即:各个收入层次的公民通常认为较低收入的职业应该得到更多报酬,而较高收入的职业应该适当降低其收入。

由此我们可以得出这样的结论:公平是更符合人性的。

其次,公平的社会可以提高公民的幸福感觉。世界银行年度报告透露,近期在欧洲国家和美国有一项研究,请被调查者个人回答下述问题:"在下列选项中,你认为自己在过去这段时间里--非常幸福、比较幸福还是不太幸福?"著名经济学家阿莱纳等人基于被调查者对这一问题的回答,同时测量了客观的收入不平等,结果发现,当收入不平等程度高的时候,个人更倾向于认为自己是不幸福的,即便在控制了个人收入及一系列的个体特征以及年份、国别等虚拟变量之后也同样如此。有意思的是,不久前,中国知名媒体《南方周末》在对中国富人进行调查时发现,高达百分之八十以上的富人认为自己并不幸福,

为什么一个不公平的社会会降低公民的幸福感?这更似乎是一个社会学的话题。可以肯定的是,从制度经济学角度来看,不公平的社会中,人群之间分配性冲突会加剧,严重时可能造成穷人与富人之间"低烈度"

的"战争",即"拉美化"现象,这样的社会无论是穷人还是富人,当然没有幸福可言。

正因为追求公平是人性的需要,追求公平就是追求人类的幸福,因此,我们也可以把一部人类历史看做是追求公平的过程。仅仅是晚近以来,这种追求公平的过程就成功地推进了人类的进步。这些成就包括美国的人权运动、南非反对种族隔离的民主运动、一些巴西城市中出现的参与式预算行为,以及在印度喀拉拉邦所展开的土地、教育和地方政府改革等等。也是在这其中,弱势群体成功地打破了不公平造成的陷阱,成为这个社会中有机的组成部分,而原本强势的阶层也因暂时的让步换得了长远的利益保证以及生活的安全与和谐。

二、中国社会公平状况不容乐观

到底什么是社会公平问题,我们可以说一百个经济学家就有一百个说法,但分歧中总应该有部分共识。2006年世界银行综合学界各方观点后,把社会公平确立为两项原则:第一项是"机会公平",即一个人一生中的成就应主要取决于其本人的才能和努力,而且这种才能与努力是可控的,不是被种族、性别、社会及家庭背景或出生国等其他不可控的因素所限制的。第二项原则是"避免剥夺享受成果的权利",尤其是享受基本健康、教育、消费水平的权利。而据这两项原则,我们也可以对中国社会公平状况作一检视。

关于"机会公平"原则,并非是我们那些主流经济学家所说的"把大家放在同一个起跑线上"。如果是这样,恰恰是没有排除那些个人不可控因素尤其是出生对于个人最终所得的影响。正因为如此，要靠社会政策来“损有余、补不足”。“损有余”的方法就是依靠累进的个人所得税以及遗产税等手段，对富人拥有的资源进行适当的控制；而“补不足”就是通过社会的各种援助政策对拥有资源少的穷人进行适当补偿。而这一点，实际上在西方现代经济学界是有共识的。罗纳德·德沃金就指出：“个人在那些其不能控制或者不能得到负责照顾的方面，应该得到补偿。”他赞成这样的资源分配方式，即“对那些力所不及的先天差异，包括能力上的差异给予适当的补偿”。约翰·罗默尔则认为，“个人所不能控制的外部环境不仅影响到其投资的努力程度，而且影响到其最终能够达到的福利水平”。因此，他主张“公共行为应该致力于使有利条件在不同境况的人们之间实现均等化，以使他们能够自由的配置其努力程度”。就连自由主义经济学家弗兰克·奈特与乔治·布坎南也是这么认为的。奈特认为：“竞争性制度最主要的缺点是，它基本上是根据世袭权和运气(努力只占很小比重)来分配收入。在竞争条件下，收入不平等日益累积。”布坎南说，真正的“机会公平”就不能让人们“带着出身进行市场比赛”，因为“当这样的参赛者以平等条件与相对较少有利条件而又必须参加这场比赛的人比赛时，我们寻常的‘公正’的概念就被破坏了”。所以，只有社会政策使得“公平的权利分配优先于竞争”，这才是“机会平等”的真正实现途径。

以此检讨中国的公共政策在造就“机会平等”上的表现，我们不能不遗憾地看到，中国此前阶段的公共政策不仅不是“损有余、补不足”，反而过分偏向这个社会中本来就拥有更多经济与行政资源的地区或人群。理论上讲，如果是促进公平的公共政策，农村及西部应该是政府公共投资的重点，然而，恰恰是城市与东部占了政府投资的绝大部分。据统计，国家财政用于农业的支出占财政支出的比重一度不断下降，由1978年的百分之十三点四三，下降到2003年的百分之七点一二。东部沿海地区在受益于经济体制改革的同时，政府又辅以行政手段、计划途径，对其实行了倾斜的投资、贸易、税收、财政政策，如税收减免、大型基础设施布局等等，使得“西部大开发”战略实施的五年，也是东西部差距继续拉大的五年。以主要经济指标为例，2003年与1999年相比，西部地区国民生产总值占全国的比重由百分之十七点五一下降到百分之十六点八三，人均国民生产总值由相当于东部地区的百分之四十点一下降到百分之三十七点六。再以教育与卫生资源为例，贫困的农村及中西部也理应受到政府公共教育与卫生资源的倾斜，然而在全中国九亿农民中，能够进入北大和清华的人数不及一个北京市。国家财政对教育的拨款一项，东部地区占据了一半以上。如今医疗条件最好的北京，每千人口医院、卫生院床位数为六点三一，条件最差的贵州只有一点五二，两者相差四点二倍；而在1982年，条件最好的上海与条件最差的广西相差不过三点一倍。目前，占全国人口百分之十五的城市居民享受着三分之二的医疗卫生资源，而占百分之八十五的农村人口却仅获得不足三分之一的医疗卫生保障服务。税收政策更应该体现“损余补缺”，但中国税收长期是反向调节。财政部公布的数字透露，全国约百分之二十的高收入阶层控制着百分之八十的银行存款，而他们所交的个人所得税只占总税收的百分之十。而到目前为止，普通工薪阶层仍是缴纳个人所得税的主力军，2004年中国个人所得税收入百分之六十五来自工薪阶层，这一比例比2000年的百分之四十二点八六又增长二十多个百分点；与此相比较，年收入在十万美元以上的群体所交纳的税款每年占美国全部个人税收总额的百分之六十以上，是美国税收最重要的来源。

戴维·米勒曾经把“机会平等”的实质界定为“应得(Desert)”原则，通俗地讲，就是你付出的可控性努力越多，你分得的报酬就应该越多。而中国广泛存在的非法暴富现象是对“应得”原则的严重挑战。美林集团《2004年全球财富报告》表明，截止2003年底，中国内地富豪总数达二十三点六万人，成为亚洲仅次于日本的第二大百万富翁聚集地。这二十三点六万人拥有金融资产九千六百九十九亿美元，直逼中国一点四万亿美元的GDP。值得注意的是，这些人所拥有的人均四百一十万美元资产，其获取时间不过二十几年。据商务部一份调查报告，中国外逃官员数量大约为四千人，携走资金约五百亿美元，折合人民币为四千一百多亿元，摊在十三亿中国人身上人均达三百一十五元。北京大学中国经济研究中心姚洋指出：中国富豪们的发迹史几乎冲毁了中国人几千年来形成的“应得之物”的信心，造成了广泛的相对剥夺感。

退一万步说，就算中国社会人人都是机会均等的，而且富人财富的获得也具备正当性，这个社会算不算公平呢？这就涉及世界银行提出的第二条原则：“避免剥夺享受成果的权利。”作为这条原则的具体化，世界银行提出，首先社会中不能有绝对贫困，每个公民都应该享有“免于饥饿权、身心健康权与受教育权”；其次，社会中不能出现过度财富分化，否则可能导致公民共同体分裂。而从这两条检讨，当下中国都存在严重的不公平问题。从保障基本需要看，由于过去计划经济下的社会保障网基本被摧毁，一些本应该由政府负责的基本公共产品与服务改成由老百姓个人承担，使得大量游离于社会安全网之外的老百姓的基本需要根本无法保障。尽管因看不起病而等死，以及因缴不起学费而被迫辍学的现象并不普遍，但只要存在，即使是少数，也会因其涉及基本人权以及因怀疑政府丧失了基本的救助功能而使穷人普遍怀有绝望感，这极大地增加了社会的不安定因素。从财富分化角度看，同样令人触目惊心：在2005年世界银行的《世界发展报告》中，按基尼系数从低到高排序，中国在一百二十个国家和地区中排到第八十五位，已经与后面三十五个社会分化非常严重的国家的水平相接近；报告指中国的基尼系数在过去二十七年间扩大了百分之四十。因此，报告结论认为，中国制度转型造成的贫富鸿沟在世界上是十分惊人的，所以，这样的现象也就不奇怪了：一边是矿工明知危险仍然抱着"炸死比饿死强"的心态下矿，而另一边是黑心煤老板在北京车展会上叫嚣："信不信连车模小姐一起买走！"

其实，中国当下最大的社会不公平还不是在经济领域，而是在公共领域中广泛存在的社会排斥现象。在消极排斥方面，往往是因为贫富悬殊导致贫困人口无法进入富裕人群的社会空间。在北京，稍微具备一点档次的商场、影院、博物馆何曾见到过农民工的身影？在积极排斥方面，往往是经济、社会某些规章或规定导致弱势与贫困人口无法进入某些社会空间。比如，在经济生活中，金融系统对贷款人担保或抵押的限定，以及近几年出台的限制小额存款的规定，将所有的贫困人口排除在金融系统服务范围之外。在社会生活中，大城市对小排气量轿车的限制、宾馆门口"衣冠不整者禁止入内"的告示牌，都将低收入者排除在某些场合之外。公共决策领域的社会排斥则表现为强势集体一边倒地主导着关于改革设计的公共辩论。以医疗改革为例，只要看看设计改革的是些什么人、什么机构，就知道这个制度肯定是不成功的，其中财政部门代表抱怨医疗包袱太重；医药企业代表说企业利润太低；社会保障部门代表说医保资金入不敷出；医院的代表说医生待遇必须提高，医院需要资金更新设备。而恰恰最重要的代表即患者与老百姓被排斥在方案设计之外，于是，医疗改革就变成了政府扔包袱、药厂与医院涨价这样一个简单的方案。而可笑的是，就在国际范围内都对中国医改予以批评时，那些当初的方案设计者现在仍然因为高坐在某些要位上而具有替自己的方案辩护的强势话语权。

中国的社会公平状况的确恶化到必须予以足够重视的程度了！

三、"更多社会主义"

我们需要解决不公平问题。然而不幸的是，在当下中国的知识界，公平一度竟然成了一个被玷污的名词。曾经有段时间，不仅自由主义者攻击这个名词，将追求公平与乌托邦梦想和民粹主义联系在一起，而且左派说起公平竟然也不能理直气壮。究其原因，我们可以说，部分精英不道德地利用了"社会公平"这个名词，将其与贫困、绝对平均主义、政治压迫以及剥夺财产权等造成的恐怖联系在一起，胁迫我们放弃所有的严肃的激进的信仰。也就在其中，齐泽克称之为"保守的自由主义流氓恶棍"便可以为现存秩序进行辩护：他们知道有腐败、有剥削以及诸如此类的不公平现象，但是，他们可以将所有试图改变不公平现状的努力指责为具有乌托邦和民粹主义的危险性，认为它们是反改革开放的，甚至是反现代化的，因而不可接受，从而有效地维护了他们的既得利益。所以，我认为，建设一个更加公平的社会，绝不仅仅是政府某些政策层面的调整可以解决的问题。在思想界，更重要的是我们必须更加重视社会主义作为人类思想史上最伟大的遗产的重要价值。

在思想史与社会史上，社会主义作为左翼思潮，本身就是社会不公平的产物。

马克思的社会主义思想作为一百六十年来一切左翼思想的源头，就源于直面人间的不公平事。弗·梅林在《马克思传》中这样论述其思想的由来："卡尔·马克思对最高认识的不倦追求，是发源于他内心的最深厚的情感的。正像他有一次率直地说过的，他的'皮肤不够厚'，不能把背向着'苦难的人间'；或者像胡登所说的，上帝曾经赋予他的灵魂，使他对每一种痛苦比别人感受得更强烈，对每一种忧患比别人感受得更深切。"

被马克思批判过的"调和派"人物约翰·斯图尔特·穆勒本质上是反对共产主义的，但面对当时资本与劳动之间的鸿沟，尤其是面对着劳动者的深重苦难，他发出了这样的不平之鸣："如果要在具有一切可能性的共产主义，和具有各种苦难与不公的现今的社会状态之间做出选择；如果私有制必定带来我们现在所看到的结果，即劳动产品的分配几乎同劳动成反比--根本不干的人拿得最多，只有名义上干点工作的人居其次，而干着最繁重最肮脏的活的人所得甚至无法肯定能否养家糊口；如果要在这种状况和共产主义之间做出抉择，则共产主义的一切大大小小困难在天平上将轻如鸿毛。"

当然还有伟大的德国诗人海涅，中国人知道得较多的可能是他支持"面包是穷人的权利"以及"穷人对富人的斗争"，但他内心深处其实有对社会主义与共产主义的担心。在给友人的一封信中，他写道："我承认未来时代是属于共产主义的，我是用一种忧虑的和非常恐怖的语调来说这句话的……当真，我想到了那个时候，那个被无知的偶像破坏者们掌握了政权的时代时，我总是惊恐欲绝。他们将要用胼胝的双手毫不悯惜地摧毁我无限心爱的一切美丽的白石雕像，他们将粉碎诗人所非常喜爱的艺术方面的一切游戏和虚幻的想像；他们将要毁坏我的月桂树丛林，而在那里栽种马铃薯……我的诗集将被香料杂货小商贩用来做纸口袋，给未来时代可怜的老太婆装咖啡和烟丝。”但面对着当时那个不公平的世界，这位伟大的诗人接着写道：“虽然如此，我坦白地承认，正是这个对于我一切的趣味和爱好如此敌视的共产主义，它对于我的心灵发出一种诱惑力来……因为它的对面是一个旧世界。但愿这个旧世界崩溃，这个好人遭殃、坏人得势、人剥削人的旧社会！但愿它遭受彻底的破坏，这个外面粉刷洁白，里面充满了欺骗和腐败的坟墓！并且应该给这位香料杂货小商贩祝福，他将来要把我的诗集做纸口袋来给可怜的好老太婆包咖啡或烟丝，这些老太婆在我们今天这个不公平的世界上或许连这种享受都得不到呢！”

除了作为社会不公平的产物，社会主义同时还是社会不公平最好的解毒剂。

欧内斯特·芒德尔面对上世纪九十年代初期世界范围内反社会主义浪潮曾经指出：“在对社会主义一百五十年的斗争经历进行反省时，我们的指控在这一点上应该留有余地……社会主义者一百多年来的顽强努力，最终使社会现实发生了世界性的根本变化：一百五十年前，八岁的女孩子就在煤矿的非人条件下做苦工。而在今天，无论是在西方还是东方，这样的惨事都不再有了；一百五十年前，资本主义工业中的平均工时为每周七十二小时或者更长，而今天的平均工时至少在工业化国家中已缩短到了三十六小时。一百五十年前,病人、残疾人、失业者和老年人只能在极度贫困中生活,而今天,无论是在西方还是在东方,最低限度的社会保障已有可能使绝大多数职工免遭这样的贫困。”“此外,人们不再简单地相信1850年、1900年或1944年时曾为人们普遍接受的传统价值:‘这是上帝安排的’、‘贫困总是存在的’、‘富人之所以富是因为他们天生就是杰出的人’、‘最优秀的人统治着我们’”,这也是因为社会主义曾强调“创造幸福要靠我们自己”、“贫困源于剥削”、“高贵者最愚蠢、卑贱者最聪明”的结果。

即使是被我们中国某些智识者现在努力在抹黑的上世纪六十年代中后期,在世界历史上却是左翼思想推动人类进步最快的年代。作为对东方社会中社会主义左翼浪潮的呼应,在美国等西方社会,彻底冲破种族、肤色、性别与信仰造成的不公平的民权运动恰是在这一时期发生,并最终重新塑造了一个将“社会公平”视为基本的“政治正确性”的世界。

我之所以回顾这段社会主义思想史,当然还是为了针对当下中国的社会公平问题。

2004年以来,“郎顾之争”开启了中国知识界关于改革之争,而支撑争论背后的,恰是因改革与发展成果分配不均而导致的日益严重的社会公平问题。但是,有人为了能在争论中占上风,很轻松地使出惯用的手法,认为这场争论的背后其实是第三次“姓‘社’与姓‘资’”之争。正如我前面所言,在这些人看来,只要唤醒了人们关于某个年代的回忆,以社会公平为基本诉求的社会主义,就好像将与“贫困”、“专制”、“财产剥夺”联系在一起而身负原罪,因而就可以让对手噤声。但他们没有料到的是,这次普通百姓并没有被唬住。到2005年年初,南方有一个媒体发表了题为

《更多社会主义、更多市场经济》的评论。对着这个标题，我感慨万千：面对中国社会愈来愈大的贫富鸿沟，在“社会公平”这个词被忽略甚至被玷污了若干年后，我们终于有人重新提出：在需要“更多市场经济”的同时还需要“更多社会主义”。这使我又想到海因里希·伯尔在其著作《保卫马克思》中曾发出过的呼吁：保护卡尔，不要让我们的子孙认为社会主义是可怕的幽灵！

是的，建设一个公平、和谐的社会，我们需要更多社会主义！

（**卢周来** 文，原载《书屋》2007 年第 1 期）

改革的而立之年

（一）

2008 年注定是一个能够让人浮想联翩的年份，中国的改革步入了而立之年。

执政党的正式文献将以 1978 年十一届三中全会为标志发起的改革定位为一次伟大的“历史转折”、一场新的“革命”。《邓小平文选》第三卷中有一篇文章的题目就叫做《我们把改革当作一种革命》，其时正值改革从农村转向城市，小平言道：

> 中国现在发生的变化主要是从 1978 年底开始的，我指的是我们党的十一届三中全会。那次全会总结了历史经验，决定了一系列拨乱反正的政策。其实，拨乱反正在 1975 年

就开始了。那时我主持中央党政工作，提出了一系列整顿措施，每整顿一项就立即见效，非常见效。这些整顿实际上是同“文化大革命”唱反调，触怒了“四人帮”。他们又一次把我轰下了台。粉碎“四人帮”以后还有两年徘徊，因为当时中央主要领导人搞“两个凡是”，继续肯定“文化大革命”。以十一届三中全会为标志，才真正发生变化，到现在快六年了。这六年来发生的变化，确实比预料的要好。我们首先解决农村政策问题，搞联产承包责任制，搞多种经营，提倡科学种田，农民有经营管理的自主权。这些政策很见效，三年农村就发生了显著变化。1978年开的是十一届三中全会，过几天我们要开十二届三中全会，这将是一次很有特色的全会。前一次三中全会重点在农村改革，这一次三中全会则要转到城市改革，包括工业、商业和其他行业的改革，可以说是全面的改革……虽然城市改革比农村复杂，但是有了农村改革的成功经验，我们对城市改革很有信心。农村改革三年见效，城市改革时间要长一些，三年五载也会见效。十二届三中全会的决议公布后，人们就会看到我们全面改革的雄心壮志。我们把改革当作一种革命，当然不是“文化大革命”那样的革命。

把改革解读为一种特殊的革命，这是在虽然已经进入1980年代，但意识形态领域浓厚的革命学说仍在流行时的习惯说法。表面看，这场改革的发起者是党内一群曾经靠边站或被迫害的官员群体的创举，实际上，这场改革完全是一种僵化的全权计划体制走到尽头的必然转向，是一列疯狂的火车在即将出轨一瞬的戛然而止，而这种转向和停顿背后的民意支撑，在“文革”后期就已多次爆炸性地展示其强大力量——比如1976年的“四五运动”。

改革是政治系统的一种变迁方式，往往是自上而下的，以从根本上更好地巩固政权为要旨；革命也是政治系统变迁的可选择路径之一，往往是自下而上的，以推翻既存秩序为目的。改革的目的之一恰是为了防范社会的剧烈革命。而之所以会出现革命的征兆，是由于既有政治系统中政权合法性的消蚀。合法性是任何形式的政权都必须时刻放在心上的一个要件，它是执政者进行统治的合法权利，以及这种权利在人们内心的一种心理认同。当一个国家的大多数人对其执政集团合法性本身产生动摇时，各种麻烦就来了。在现代国家制度中，合法性的取得与执政时间的长短、与历史资源的直接联系已然松弛，在政治游戏的现代规则中，不思进取，坐吃政治资本的“原始股”而永续分红是不可想象的。现代国家中执政集团的合法性主要在于政治结构是否具有普遍的代表性，以及执政集团是否能够展示良好的政绩--这主要体现在提供安全保障、确保经济增长和充分就业、维护公民权利等等。合法性基础越稳固，则所需要的高压手段等就越少。

任何改革者都不是天使，当然有自己的筹算。世上没有无缘无故的爱，没有无缘无故的恨，也没有无缘无故的改革。从经济学的公共选择学派或新政治经济学的视角来说，那就是改革者、政治家采取行动的目的是实现效用的最大化。他们有理性，有自己的偏好——偏好更多而不是更少的权力，偏好继续执政而不是失去政权，偏好连续当选而不是选举失败，偏好发挥影响而不是无足轻重。政治家、改革者为了永续巩固自己的权力，必须重视公民的利益。即便在第三世界的一些没有完善选举制度的国家，他们也要为了安全需要(防止革命和暴乱)而不断满足人民的欲求,警惕合法性危机。无论从哪一个角度看,中国的执政党在“文革”后期,显然遭遇了严重的合法性危机,面临着忧患频仍的严峻局面。就政治结构的代表性而言，表面看来是经由大鸣、大放、大字报实现了一场大民主,实现了造反夺权,实际不过是更高权力导演的玩偶剧。在二十几年的经济实践中,又长期无法使自己的人民摆脱贫困,1973 年 6 月,周恩来总理重返延安,看到老乡们家徒四壁,他十分沉重地垂泪自责。

1978 年那一场改革就是在这样一个历史和逻辑的起点上起步的,在自下而上的不满与自上而下的改革动机恰巧对冲的时刻,开始了这场可称之为顺天应人的伟大历史转折。如此理解,也可说是改革及时地化解了一场潜在的危机。

(二)

相比于其他国家,我们的危机感与转折意识虽已迟缓,但毕竟是觉醒过来了。改革在经济上的成效迅速修复了执政党的合法性基础,特别是改革的前十年中几乎是完全的帕累托改进,这里需要注意三点:第一,城乡居民收入普遍大幅提高。无论从收入的绝对数还是相对指数来看,抑或通过观测描绘居民消费结构而间接体现居民生活水平的恩格尔系数来看,三十年来城乡居民的纯收入都呈上升态势、生活水平也在显著提高。这表明,改革对于促进城乡居民各自财富积累和生活水平的提高具有正面影响。第二,城镇居民收入增长速度明显快于农村居民。第三,城乡收入差距的扩大是一个缓慢的渐进过程。我们应该特别注意几个时间拐点：在 1978–1985 年间，农村改革极大激发了农民的生产积极性，而连续几年的中央一号文件对农业高度重视也导致农民增收幅度较大，城乡收入差距直线下降，城乡居民收入比一度降至两倍以下，呈弥合趋势；1984 年后，城市经济体制改革启动，经济发动机的中心重新回归到城镇，直到 1994 年，这十年间城乡差距再次逐年拉大，在这期间粮食产量先跌再涨，但由于政府的反调节行为而使得粮价即便上涨也未能让农民得到真正的实惠；1994–1997 年三年间，中央政府采取高强度宏观调控措施促使经济软着陆，通胀率从两位数降至一位数，与此同时出台了不顾及政府财政支出能力的保护价政策，即敞开收购农民余粮，尽管这一高强度的保护性政策使得粮食系统政策性财政挂账逾千亿元，但农民的确获得了一定程度的收入增长，城乡差距再度呈缓慢下降态势；1997 年以后，运行了三年的保护价政策的效率急转直下，政府对农民的贴补由于经过价格传导机制进行，被层层盘剥后无法直接收到效果，而此时政府的重心又放到国有企业改革与金融危机的防范上，因此三农问题暂时搁置，几年下来，城乡差距又扩大到改革开放前的状态；2004 年以来新农村建设的推进在提高农村居民收入方面诚然贡献卓著，但城乡收入差距仍在扩大。

这就是改革中内生出的风险，经济的变革和不均衡的发展更强地激发了人们的焦躁情绪。人们对未来不断上升的预期永无餍足，理想与现实间的缺口正在张大。但这种风险并不是最大的。最大的是政治体制改革严重滞后于经济体制改革后所带来的种种负面效应。改革在经济上颠覆着传统的社会结构，它日益把一个传统社会推入现代化的嬗变轨道。

而因袭于旧的政治体制的权力运作在形势稍好时便生产出某些新的特权阶层和特权行业，他们依靠权力来攫取经济领域新增的产出。这是改革中的最大缺失，究其原因，也正是由于对旧体制改革的滞后和不彻底。改变这种局面，非有"壮士断腕"之决心不能为之。

要实现财富的极大涌流，必须依靠市场；市场来了，必然要求法治。但是需要看到的是，市场过程尽管能够促动法治精神的萌发，但并不必然能够内生出法治，因此需要规则、制度的建构，需要宪政运动的保驾护航。思想言论领域的宽容、开放、自由和公共政治领域的民主、公开、透明对法治环境的形成至为重要。改革过程中出现的种种不规范甚至非法行为，与社会贫富差距的扩大有着显著的相关性，同时也极大地影响民众对于市场化改革的评价。近年来社会上存在的反市场化倾向的背后，其实是对分配领域中出现的失范和非法现象表达的强烈不满。不排除社会上存在一定程度的"仇富"意识，但人们对于改革后因脑体劳动差别而导致的财富分层的怨气并不大，而对凭借历史禀赋特别是转轨时期的暗箱操作、以权谋私导致的财富和利益格局的变动深恶痛绝，"仇腐"远甚于"仇富"。

从某种意义上讲，市场化改革能否持续推进，取决于民主化与法治化进程。平均主义可怕，转轨腐败更加可怕，而且从根本上说，这两种现象的根源都在于政府权力的无限伸张，区别仅在于前者是公权力直接干预每一个体的生活，后者则是一些人凭借公权力进行猖狂的寻租活动。权力导致腐败，绝对权力导致绝对腐败，这是亘古不变的真理。人们习惯于用"苏东剧变"来证明激进改革的失败，但恐怕令多数人吃惊的是，苏东那样激烈的民营化改革，其产权配置效果尽管并非尽善，在多元化社会中的评价也不一，但其基本的公信力和合法性却坚如磐石。有学者在分析这一现象的原因时指出，若民主化先于民营化，则其过程的公开性和操作的透明性由于民众和舆论的有力监督、更主要的是由于宪政框架的有效制约下而得到保证。改革过程中由于权力滥用和腐败引发财富在短期内向少数人的迅速集聚，这种行政力量对市场正常运作的干预造成的贫富分化现象，不仅在实际经济领域对公平竞争产生严重的负面影响，而且对于民众的社会心理特别是底层民众相对被剥夺感的产生有着巨大的刺激作用。

梁启超老先生睿智，曾言晚清变局："革命党何以生，生于政治腐败。"是言得之。财富差异极大的国家尤其盛产暴力革命，盖以其阶层对立更易于导引向暴民政治；而那些政治体系流动性顺畅的、结构扁平的国家中，由于没有严重的阶层对立，所以能保持长期的社会稳定。中国自古有革命的传统和流血的偏好，纵是体制内的增量改革，也总有不少"我自横刀向天笑，去留肝胆两昆仑"的悲剧人物。

历史上不少改革悲剧的症结在于瞻前顾后、错失良机，因为惧怕改革的失控，产生了心理和政策上的畏首畏尾。因为矛盾不断累积，最后连最起码的谈判妥协的余地都失去了。其实，国家起源于人们对安全和稳定的需求，需要有组织的暴力，这本是历史的常态。国家集聚起暴力并垄断地使用它们的初衷，是为了抵制来自内部和外部的威胁及伤害。但是国家的职能不可能长期停留在这种层次上，它在保证最低限度的生活条件和安全秩序后，还要确保其人民朝向良好的物质和精神生活迈进。两百多年前，康德在探讨人类历史起源的时候就发现，一个文明所承担的最大灾难就是被卷入内乱和战争。

（三）

二十年前，在改革十岁的时候，中国人正在走出改革第一阶段的甜蜜时期，开始认真品味物价上涨、通货膨胀的滋味；而在文化界，继掀起一轮中国的人文主义复兴运动、重拾作为一个人的尊严和鲜活个性之后，又对中国传统文化对现代化的阻滞进行批判。十年前，在改革二十岁的时候，中国人在物资相对过剩、有效内需不足的境况下，开始承受偏离充分就业的痛苦，下岗、再就业是那个年份的关键词。

2008年，改革将度过它的三十岁生日。而立之年，作为一个人来说，已过了只凭一腔热情和冲动而大干快上的年代，已不能只靠摸着石头过河来行事了。而立之年，应当是认真检视和反思自己的成长岁月的时点，应当是理性思索同时仍需豪情满怀的时点，应当是走向成熟、走向自立、确立明晰的人生目标并开始大有作为的时点。如同三十年以前的狂热年代中，革命是这个体制所认可的褒义词；这三十年来，改良、改革逐渐被人们认同，写进了各种文件和著作，成为一种时髦话、口头禅、大路货。改革进行到这种关节点上，人们对政府寄予厚望。

改革的而立之年，将要进一步打开国门，迎四方宾客于京师，共圆同一个世界的同一个梦想。十八年前，也是在京师，依靠着极强的政治动员能力，我们也曾大会宾客于亚运会。我还清晰地记起，其时方才小学一年级的我接受动员，为一个尚不能理解其含义的亚运会激动了好些日子。今天仍然有意识形态的动员，同时不得不顺应时代的潮流融入诸多现代元素、普世精神。报章舆论所反映出的主流意见是关于竞争机制、公平原则、大国心态、公民意识、文明素养等等方面的深刻思考，真个是蔚为大观，显然与十八年前大不相同。今天的改革已经具体而微，不再是空洞的概念的运动，也不再是精英们理想主义的呐喊，而是与每个人的切身命运息息相关。

我们这个民族从来是有大志向的民族，是有志于以自己的聪明才智有所贡献于人类文明进步的民族。尽管近代以来艰祸繁兴，然“周虽旧邦，其命维新”，三十年的改革开放，已经使得整个国家从一种前现代的神化状态中逐步“还俗”--回归世俗状态，回到正常状态，古老的中华民族重新焕发出青春。历史对每个民族都是公平的，挑战与应战的生存法则适用于各个国家。唯有能够把握住机遇、奋力迎接时代挑战的民族和国家，才有希望跻身先进之列。

2008，应当是个有真正动作的改革年，人们不应当失望。

（**曹东勃** 文，原载《书屋》2008 年第 5 期）

“敢为天下先”引发的一点思考

第三次思想大解放的讨论，在许多人眼中，它预示着新的伟大的契机，特别是“还权于民”这样一个崭新的命题，更是强烈地唤起大众的视听，兴奋之情尤其不能遏止。“前两次解放思想偏重于还利于民，这一次解放思想在继续注意还利于民的同时更偏重于还权于民”。这掷地有声的承诺，当它首先从三湘大地的上空响起时，不能不引起强烈的震撼与共鸣。有些研究“湖湘文化”的学者于是闻风而动，努力证明这就是“湖湘文化”“敢为天下先”的精神品质的又一个历史性的表现。

虽然我对“湖湘文化”这个概念素来抱有疑惑，但这回却对湖湘文化学者们的说法深以为然，因为事情本身正是对“敢为天下先”的最佳诠释。

“敢”，就是勇气；“先”，则兼有“先进”和“首先”两方面的含义。“还权于民”，是继续改革开放的紧迫需要，或者说是不可或缺的前提。对此，许多人可能已有共识，但是将已有的认识表述出来，这就需要胆略、责任感和洞察力，因为它对于传统观念是一个重大突破。“还权”，这就是说，权力原来并没有如宪法中所规定的那样完全掌握在人民手中。回忆一下历史吧，何曾有人提出过类似的观点？由此也就可以推想这里表现出的政治上的觉悟和勇气。“还权于民”对于共产党人来说，无疑是新的时代背景下形成的一种先进的政治理念，除了极少数顽固分子外，谁都能预见到它对推动社会主义民主政治建设必将起到重要的指导作用。

“敢”于提出（或赞同）“先进的”（超前的）理论，不容易！而要做到“首先”提出，就更难。因为要把握好时间的火候，需要更高的智慧、更宽的视野和更大的勇气。即使是最平易的道理，能首先把它表达清楚，就是对社会发展前进的一份永久的贡献。说到这里，不能不提及前两次解放思想大讨论中的一些往事。眼下中年以上的人应该都记得，当年面对“实践是检验真理的唯一标准”这样一个常识水平的问题，许多人就是不敢表态，湖南则尤其给人留下了深刻印象——全国都已经“舆论一律”了，唯独这块素来“得风气之先的福地”悄无声息，真不知道那些马列水平很高、倚马万言的笔杆子们哪里去了！第二次，情况更近乎滑稽：当皇甫平的文章接二连三地发向全国时，湖南正在基层开展“社会主义教育运动”，下去的工作队在热烈讨论的是：究竟是“接受贫下中教育很有必要”，还是“严重的问题是教育农民”？不过上面反应比较机灵，一看来势不对，偃旗息鼓，匆匆地把工作队撤回了。虽然还算全身而退，但终归是留下了笑柄。

对比之下，我便觉得，研究湖湘文化的学者诸君，这一回作出的“敢为天下先”的结论固然正确，但却只能视为个案，从形式逻辑上说，它不能作为推理的一般性前提。也就是说,湖南并非是什么时候什么事情都敢为天下先。由此,我又想到,他们关于湖湘文化的精神品质的一些论断,也实在很有值得商榷之处。

关于湖湘文化,其实到目前为止,还说不上是一个真正的学术范畴--它甚至于还没有完整的定义。有人说它是指湖湘大地上一切精神的和物质的文化存在的总和;有人说它是湖湘民众所创造的文化现象及其能力和习惯的总和;有人说它是千百年来积淀形成的反映湖湘自然地理和人文精神的具有鲜明本土特色的一种地域文化。凡此种种,何者为定论,似乎尚在讨论中。不过对于湖湘文化的精神特质,参与其事的学者们意见却是比较一致的,他们归纳为"崇道义理,存诚养志"、"开放包容,经世致用"和"忧乐天下,敢为人先"这么几条。而这最后一条当然是最重要、最根本的,许多论述都是从这里展开。

"忧乐天下,敢为人先",很大程度上只是一种政治品质,和其他的文化现象关系不大,从这里可以看出,湖湘文化这个范畴,基本上就是由于这块土地上产生了众多的杰出政治人物而提出的,所有的研究也只能是围绕着他们而进行。湖南政治人才的井喷现象始于十九世纪中期,以曾、左、彭、胡为代表的湘军系统(当然还可以包括为他们做铺垫的魏源、陶澍这些人),在国内战争中因时而起,一手造成了所谓"同、光中兴"的局面,从此以后便一发不可收拾,湘中一带,虽一般小民,亦无不向往有机会出外捞个一官半职。据长辈笑谈,当年,只要能操湘乡土话,走到南京去,最不济也要混个参将、游击干干。死了的自然也多,但活下来而且又肯定是"敢为人先"的,不少人后来就成了政坛的佼佼者。

估计有些学者会不同意我的意见,以为这是对"湖湘文化"的不敬。

因为他们还提到了王夫之，提到了更遥远的周敦颐及稍后的“湖湘学派”。然而，无论是周敦颐或者王夫之，尽管在学术上建树颇多，却都谈不上“忧乐天下，敢为人先”的时代担当。由于没有政治业绩，而且又年代远隔，仅凭着几句“经世致用”的议论，便把他们视为十九世纪中叶以后湖南大人物们的精神导师，实在有些勉强。至于胡安国父子的所谓“湖湘学派”，不过是在湖南办了一所影响较大的学校，时间也不长，固然，张栻主持校务的时候，朱熹曾经来访，但一番辩论的结果是张栻改变初衷倒向了朱熹，从此湖湘学派分崩离析，名存实亡。湖湘学派的历史影响不仅不及同时代朱熹的理学派和陆九渊的心学派，也不及陈亮的永康学派和叶适的永嘉学派，所以未能改变湖南文化落后的局面。这一局面又继续了近四百年--直到康熙三年湖南设行省，士子再不用千里迢迢到武昌去应乡试了，才逐渐改善。

为了证明湖湘学派经世致用的学说培养了爱国不居人后的知识分子，有人还举出了岳麓书院学生在蒙古大军南下时的长沙保卫战中“荷戈登陴，死者十九”的故事。长沙一战，确实惨烈，南宋潭州知州兼湖南安抚使李芾抱定以身家许国的决心，率领城中不足三千兵卒，对抗阿里海牙围城的数万元军，坚持了三个多月。所有能够作战的人几乎都投入了战斗，最后城破时，自李芾以下殉难军民数以万计。老弱病残者不愿为敌所掳，纷纷投井自溺，后来史书中有所谓“城无虚井”的说法。这样的宁死不屈的精神，当然可以印证湖南人的“霸蛮”性格，但要把它归之于湖湘学派一批士人几十年来推行教化的结果，并说成是湖湘文化这种那种“精神特质的表现”云云，却实在有些牵强。说句笑话，简直有点“湖湘文化是个筐，什么都能往里装”的感觉。

元、明两朝，湖湘文化乏善可陈，也没有什么敢为天下先的人物。作为关内地区建制最迟的行省，闭塞和落后不言而喻。一直到清中期，情况变化不大，乾隆赐给新上任的湖南巡抚一首诗(他有这一好)，其中还说道："两湖襟带地，风俗易移难。"在他眼中，湖南好像还是一个半开化地区。嘉庆、道光年间，陶澍、曾国藩先后出仕，这才开始了湖南人任方面大员的先河，此后数十年，湘籍一、二品文官(军机大臣、大学士、总督、巡抚)武官(提督、总兵)以上多达数十人，之所以能出现如此局面，是因为所谓"时势造英雄"，换句话说，是愚昧落后的太平军成全了同样愚昧落后但却不怕死的湖南蛮子。当时的清朝如果没有湖南人是非亡不可的，是湘军拯救了腐朽贫弱的清帝国，至于功过，真还不好说，因为太平军建立的很可能是一个更加野蛮和黑暗的政权。

曾、左、彭、胡这一批人当然可以算"敢为天下先"者，因为是他们首先举起了民办武装的旗帜，从而改变了历史的走向。但是，他们在思想文化方面，却称不起"敢为天下先"，因为他们维护的仍然是封建皇权专制主义的"道统"，即儒家的纲常伦理所规定的那套东西，尽管这和洪秀全那些非驴非马的邪教理论比较起来，更合乎天理人情，但对于当时处于列强环伺下已经病入膏肓的中国，它非但不再是良方，相反只能是催命的毒药——至少不具有任何治疗的积极意义了，更不要说开拓新的历史局面。

十九世纪末的维新变法运动虽然没有成功，但却是一次实现社会转型的尝试。当时的湖南确实表现了"敢为天下先"的风范，一度成为维新运动最重要的宣传教育基地，同时也取得了最显著的实践成果。尽管时间不长，而且以失败告终，但其历史影响很大，把湘军将帅们开拓的热衷于政治的风气，有效地承接并推向了新的高潮。其时长沙聚集了一批“敢为天下先”的“国士”，而起着最关键性作用的人是“一把手”、巡抚陈宝箴。

清廷的督抚大员中，公开支持变法维新而且力行不懈的只有一个陈宝箴。他不是湖南人，但很早就投入湘军系统，在席宝田帐下，立下过生俘洪天贵福和洪仁玕的战功，并深受曾国藩赏识。曾国藩曾亲笔撰联赠他：“议事有陈同甫气，所居在黄山谷乡。”把他类比于陈亮和黄庭坚一流人物，评价不可谓不高。陈宝箴从1895年就任湖南巡抚后，在按察使黄遵宪、学台江标的协助下，兴办矿务（如开发水口山、锡矿山等一些大型有色金属矿山），新建电信、轮船、制造等近代企业，创立南学会、算学堂、时务学堂，支持谭嗣同刊行《湘学报》、《湘报》，一时湖南风气大开，成为“全国最有生气的省份”。

陈宝箴是一位务实派的官僚，有眼光，也有能力，看不惯康有为鼓舌如簧、故弄玄虚的政客作风，特别是对康的“托古改制”那套理论很反感，但是他器重梁启超和谭嗣同这批年轻人，放手让他们在湖南为改革制造舆论、培育人才。1897年由梁启超担任中文总教习的时务学堂招收的二百名学生，后来大多成为立宪党人中的骨干，其中还包括有再造民国之功的蔡锷。梁启超在湖南只呆了半年，留给陈宝箴极好的印象。梁父五十寿辰时，陈题赠的贺联是：“行年至一万八千日，有子为四百兆中雄。”足见梁在他心目中的分量。1898年，陈积极参与了“百日维新”，并且推荐了杨锐、刘光弟二人进入中枢。变法失败后，他被开缺回原籍江西，两年后郁郁死去（据说是被慈禧赐死）。短短的三年多时间，他主持营造了湖南在历史上的一段辉煌。

百日维新作为一场政治斗争虽然失败了，但它所造成的影响却并未消散，庚子乱后，立宪呼声高涨，“新政”逐一出台，社会风气较前大为活跃。二十世纪的最初十年，湖南是派遣留日学生最多的省份，这些“海归”分子中后来产生不少“敢为天下先”的人物，但他们叱咤风云的舞台却并不在湖南，因而，辛亥前后的变革高潮中，尽管黄兴、宋教仁、蔡锷等人的地位、作用举足轻重，湖南本省却并无太突出的表现。其间给人留下深刻印象的着眼于湖南寄望于湖南的，好像只有一位著名“才子”，即于1903年写下长诗《湖南少年歌》的杨度。近些年来，这篇诗作不断为热心湖湘文化的人士引用，意思大约和作者当年一样，要湖南人从历史的荣誉感中奋发出进取的豪情。

杨度作为一名“愤青”，借诗歌宣泄一下情绪，无可非议，但如果把他诗里表达的观念真正视为认识世界和历史的指南，那可就很成问题了。杨度毕生都是一个崇尚集权政治的极端主义分子，他自己也从不隐晦这一点。“筹安会”的人里面，他拥护袁世凯称帝，绝非出于迎合袁本人的权欲而表现的谄媚。他从心底确认：由于中国地域的广袤、国情的复杂，绝对需要一个强有力的中央集权政府，需要一个乾纲独断的皇帝，才能进行有效的统治，否则分裂和战乱不可避免，而当时符合条件当皇帝的只有袁世凯一人。所以，杨度拥戴袁世凯乃是一种出自理性的选择。他一直反对曾经为多数人赞同的联邦制的设想，反对制宪确定省的自治地位，也反对一切形式的联省自治。

杨度的《湖南少年歌》也充分反映了他对军国主义和威权政治的向往。“中国如今是希腊，湖南当作斯巴达；中国将为德意志，湖南当作普鲁士”。斯巴达和普鲁士，是他寄托着情感和期望的梦想，他崇拜威廉二世，以为袁世凯便是中国的威廉二世。“若道中华国果亡，除是湖南人尽死”。

湖南人何以有恁大神通？答案还是歌颂湘军的那些套话："水师喷起长江波，陆军踏过阴山雪。东南西北十余省，何方不睹湘军帜？……茫茫回部几千里，十人九是湘人子。左公征战祁连山，得此湘人殖民地……欲倾亚陆江河水，一洗西方碧眼儿……凭兹百战英雄气，先救湖南后中国"。沙文主义情怀直扑人面。杨度晚年加入了共产党，当然不会是出于无产阶级觉悟，一个很可能的理由是，他最后认定只有共产党才能实现他追求一世的大一统的强国梦。

湖南人在随后不久（上世纪一、二十年代）倒是确实有过一次"敢为天下先"的表现。那就是在热闹一时的"联省自治"中打了头阵。联省自治，是谭延闿在1919年的驱张运动中提出的口号，张敬尧被赶跑了，而谭延凯自己于1920年冬又被赵恒惕取代，不过赵接过了这个口号，并通电全国，随即得到了四川、云南、贵州、广东、广西、浙江和奉天等省地方军阀的支持响应，因为大家都想通过联省自治这种形式互为声气，抵制直系军阀武力统一中国的图谋。很快北京就成立了两个全国性的组织，各有十多个省的代表参加，就联省自治问题随时联络磋商。军阀们的初衷当然是保持自己的势力范围，民间却有不少人把它视为中国走向宪政民主的必由之路。在各界人士的推动下，湖南的自治运动颇有实效，1922年元月，由省议会通过并公布了省宪法，规定"湖南为中华民国之自治省"，这是中国第一部省宪法，后来陈炯明在广东也如法炮制，不过已经是步湖南人的后尘了。

联省自治就是联邦制的雏形。当时湖南人章士钊曾就实行联邦制提出过详细的设想，同样是湖南人的杨端六，针对国人的统一情结从理论上作了很精辟的解释。他说："大一统是国家统一的最大障碍。中国三千年来，大一统的时间不超过一千年。中央集权一旦登峰造极，随之而来的就必然是国家分裂。只有联邦式的中央政府，统一才能永久。”他举出的成功典范便是北美的联邦制度。他指出，中国的省较之北美的州，差异更大，情况更复杂。兼之南北畛域之见由来已久，许多中央集权制下难以处理的问题，行省自治框架下却容易得到解决。赵恒惕当时也做得有模有样，虽然他明知根据省宪法，自己的权力会受到省议会的诸多限制，但这总比让别人以统一国家的名义把自己吃掉要好。事实上，当时岳阳以北就是吴佩孚的军队，热议中的联省自治对吴多少是有些遏制力的，否则，他要真打过来，贺耀祖、叶开鑫等手下那几个师是抵挡不住的。

联省自治的口号一直喊到1926年北伐开始。北伐是孙中山生前确定了的方针，而在1924年以前，孙的态度还是支持联省自治主张的。陈独秀和毛泽东都曾发表过赞成联邦制的言论，国共合作后，才一反过去的立场。国共两党观点的变化大约和第三国际的态度有关。苏俄曾经资助过中国许多支地方势力，到1923年以后，就只认孙中山（包括北方的冯玉祥）一家了。康白情先生曾亲口对我说，他1924年从美国回来后，曾由朋友介绍去见苏联驻华大使加拉汗，希望对方能帮助他在四川拉起一支队伍（康因为父亲的关系，在“袍哥”中颇有影响）。加拉罕建议他直接去投靠孙中山，并向他解释了苏联对华政策的变化。孙中山在确立了“三大政策”以后，就必然要选择以武力统一来贯彻自己的政治主张，而在中国推行联邦主义的“一线生机”也就此彻底陨灭。

有学者认为，二十世纪中国丧失的最大机遇，是与联邦主义失之交臂。民国初年，宪政、共和两大方案均已提出，随之地方自治运动又应运而生，而这三者（宪政、共和、地方自治）的相互补充，正是实现现代民主政治的前提与保证。往者已矣！失去了的东西再也追不回来，但是在这种“失之交臂”的遗憾中，湖南和湖南人曾经表现的“敢为人先”的勇气和智慧，也还是值得在历史上书写一笔的。

改革开放以来，“敢为人先”的机会大多被沿海省份占去。直到去年关于建设两型社会试验区的消息才算是带来了一些赶超的希望。但是差距已经拉得太大了，光靠承接产业转移是无论如何也赶不上去的。偏偏就在这时候，中国吹起了第三次思想解放大讨论的号角。湖南这个内陆省份所独具的政治敏感被再次唤醒。什么是建设和谐社会的当务之急？哪里是安放人本、民生这两大构件的基石？“社会主义民主政治”这八个字已经是呼之欲出了。其间的联系不言而喻，即使是一般大众，心里也都“跟明镜似的”清楚，更何况主持操作其事的有良知的政治家！“还权于民”正是切实可行的具体施工方案。当下人们所期待的就是言论尽快地向行动过渡，谁都明白，这里还有一段距离，路途也不可能是绝对的平坦，质疑、抵制、阻挠甚至挫折，都应该在预料之中。但是只要方向明确，众志成城（这真是一个可爱的流行词汇），实现社会转型的伟大历史目标必将离我们越来越近。

（**雷池月** 文，原载《书屋》2008年第11期）

新阶层与社会转型

中国社会正在转型，其标志之一就是出现了一种新的社会阶层，它的出现正在深刻地改变着中国的社会结构。改革开放前，中国社会的基本社会结构是两个阶级(工人阶级、农民阶级)和一个阶层(知识分子阶层)。伴随着改革开放的发展，新社会阶层从无到有，崭露头角。这一阶层不同于计划经济时代的工人、农民、干部和知识分子，故称“新社会阶层”。按照《当代中国社会阶层研究报告》一书的划分，目前中国社会已经分化为利益不同的十大阶层，分别是：国家与社会管理者、经理人员、私营企业主、专业技术人员、办事人员、个体工商户、商业服务人员、产业工人、农业劳动者、城乡无业失业和半失业人员。在此,除了“国家与社会管理者”、“办事人员”、“商业服务人员”、“产业工人”、“农业劳动者”等五个阶层可以和原先的社会阶层基本对等之外,其余五个阶层似乎都有“新意”,组成了一种新的社会力量。经过近三十年的培育、发展,中国的“新社会阶层”正在从无到有,由弱变强,轮廓由模糊变得清晰,定义由不确定到比较确定。不久前,从电视上收看了中共中央统战部等部门举办的“优秀中国特色社会主义事业建设者”表彰大会后,自由职业者陈宗璞非常高兴,觉得自己找到了归属。目前,像陈宗璞这样的人在中国正越来越多,他们有了一个共同的新名称——新社会阶层。

2001 年 7 月 1 日, 在庆祝中国共产党成立八十周年大会上的讲话中,江泽民同志首次使用了“新的社会阶层”这一提法,用以概括我国自上个世纪七十年代改革开放以来出现的一种新的社会群体。他说:“改革开放以来,我国的社会阶层结构发生了新的变化,出现了民营科技企业创业人员和技术人员、受聘于外资企业的管理技术人员、个体户、私营企业主、中介组织的从业人员、自由职业人员等社会阶层。而且,许多人在不同的所有制、不同行业、不同地域之间流动频繁,人们的身份职业经常变动。这种变化还会继续下去。”[1]2002 年,这一思想在中国共产党第十六次全国代表大会上重新得到阐述,确认新的社会阶层中的广大人员都是中国特色社会主义事业的建设者。2006 年 7 月,中共中央统战部发布了《关于巩固和壮大新世纪新阶段统一战线的意见》(以下简称《意见》),其中明确表示,“新的社会阶层人士是统一战线工作新的着力点,要最大限度地把他们团结在党的周围,充分发挥他们的作用,不断为实现中华民族的伟大复兴凝聚新力量”,“要把新的社会阶层代表人士的培养选拔纳入党外代表人士队伍建设的总体规划”。按照这份文件的界定，新社会阶层主要包括六个方面的人员：1.民营科技企业的创业人员；2.科学技术人员；3.受聘于外资企业的管理技术人员；4.个体户；5.私营企业主；6.中介组织的从业人员和自由职业人员。这些人员由非公有制经济人士和自由择业知识分子组成，集中分布在新经济组织、新社会组织中。按照《意见》的估算，目前，我国新的社会阶层约有五千万人，相关从业人员约一亿五千万人，掌握或管理着十万亿元左右的资本，使用着全国百分之五十以上的技术专利，直接或间接地贡献着全国近三分之一的税收，每年吸纳着半数以上新增就业人员。一般来说，“新社会阶层”具有如下特征：

1.许多人是从工人、农民、干部和知识分子中分离出来的。

2.他们中相当部分是知识分子。

3.他们主要集中在非公有制领域。

4.该阶层聚集了中国大部分高收入者。

5.职业和身份具有较大不稳定性。

6.他们的政治诉求逐步增强。

7.他们中绝大多数是非中共人士。

8.新社会阶层具有不断扩大的趋势。

二

无论怎样评价，一个新的社会阶层已经产生，并在逐渐进入、影响中国的社会生活，已是不争的事实。学界普遍认为，新社会阶层既是一个社会概念，也是一个政治概念，在当今和未来中国社会的发展中具有重要意义。一种理论认为，新社会阶层越庞大，社会的稳定系数就越大。因为这一阶层成长壮大的直接结果，就是形成了一种中间大、两头小的橄榄型的社会结构，在上层和底层之间形成了一个辽阔的缓冲地带，可以缓解社会冲突，保证社会稳定。还有学者认为，中国目前大致存在三种社会地位资源配置关系，即权力授予关系、市场交换关系及社会关系网络；而受这三种关系的影响，现阶段中国社会上行流动的进入渠道又分为三种，即行政型进入、市场型进入和社会网络（人际关系）型进入。中国社科院的调查显示，改革开放以来新社会阶层的扩张动力，主要来源于市场空间的开放，"市场型进入"是"新社会阶层"向上流动的主导形式。在这三种上行流动的进入渠道中，"市场型进入"最为合理，社会进步含量最高，因为由"市场型进入"的新阶层有三个基本特征，一是靠"后赋性"因素（个人后天所受教育及专业努力等因素）而非"先赋性因素"（家庭、血缘、身份背景）向上流动；二是依靠知识和诚实劳动去获得财富；三是自觉地服从游戏规则、社会准则和秩序，使契约社会成为可能。

除了这些思路之外，还可以有另外的视角。在上述"新社会阶层"的八大特征中，有两点特别值得注意，即第三条：他们主要集中在非公有制领域；和第七条：他们中绝大多数是非中共人士。这里透露出一个信息，即所谓"新社会阶层"是一种有别于传统体制的社会力量。如果说新社会阶层是一个政治概念，其政治意义就在于："新社会阶层"的出现，使中国社会终于出现了一种体制外的异己社会力量，而体制外的异己力量历来是社会变革的潜在动力和强大推助器。厉以宁先生在《资本主义的起源》中指出，世界上的资本主义分为两种："原生型资本主义"和"非原生型资本主义”,前者是从自身内部孕育而出，逐渐成熟发展而成，如西欧、北美、澳洲、新西兰，后者是受外来力量刺激，模仿他人而成，如日本、印度还有目前的中国。而一个社会能否形成“原生型资本主义”的关键在于,其内部能否形成一种体制外的异己权力中心和体制外的异己社会力量[2]。

与“体制外”相对应的是“体制内”。一个社会的“体制内”也会形成异己权力中心和异己社会力量,但无论这种“体制内”的异己中心和力量有多么强大,由于没有新阶层的出现,没有新的政治诉求,也不会带来根本性的社会变革。据厉以宁教授分析,在资本主义生产关系萌芽以前,欧洲封建社会内部也有异己权力中心和社会力量,主要有三:一是农民起义,二是封建割据势力或地方割据势力,三是封建统治者家族内部的争权夺利。这三种力量彼此相互作用,此消彼长,构成了历史画卷的主要内容。但这几种力量无论有多么强大,无论它们占据了历史多长的篇幅,都属于封建社会“体制内”的异己力量,它们占据了历史舞台,只能从事旧的封建生产关系的再生产。在西欧封建社会的发展中,逐渐产生了另一个权力中心——城市,城市的主体是市民阶级,即由中小企业主、商人、小官员、司法人员组成的群体。所以,城市是西欧封建势力体制外的一个“异己权力中心”,而市民阶层则是封建势力体制外的一种“异己社会力量”,随着社会生产的发展,城市和市民的力量不断发展壮大,形成了资产阶级,其利益和封建领主、王权等发生了冲突,最终爆发了资产阶级革命,取代了封建阶级而登上历史舞台。

试以尼德兰的资产阶级革命为例。尼德兰一词原意是低地,指莱茵河、缪因河、些而德河下游和北海沿岸一带的低地地带,相当于目前荷兰、比利时、卢森堡和法国东北部地区。十六世纪后半叶，尼德兰成为西班牙王国的领土，被分为十七个省。北方七省，以荷兰和西兰两省的工商业最为发达，经济发达的城市有阿姆斯特丹、密德尔堡、符利辛根等；南方十省，其中佛兰德和不拉奔两省工商业最为发达，经济发达的城市有安特卫普、布鲁日、布鲁塞尔等。尼德兰全境内，城市多达三百余座。这些城市早在十三至十四世纪就出现了纺织业、造船业、冶金业的大作坊和手工工场，航海业、捕鱼业也十分发达。西班牙国王查理一世统治尼德兰时，城市中的市民阶层力量已较为强大，其中的上层和富裕的工商业者从中分化出来成为资产阶级。其经济利益所带来的政治诉求，必然和封建统治发生冲突。由于封建统治的生产关系不能再容纳下资本主义的生产力水平，于是必然发生冲突，冲突的结果就是资产阶级革命。查理一世和菲利普二世派总督治理尼德兰，削弱城市的自治权，不断加重赋税，实施严厉的宗教统治，迫害新教徒和异端分子，这一切使得尼德兰的资产阶级和市民阶层与西班牙封建王朝的矛盾日益尖锐，最后终于爆发了反对西班牙封建统治的资产阶级革命——尼德兰革命[3]。

可见，一个社会能否实现转型和根本性的变革，关键在于这个社会内部是否孕育出了新的阶层，这个阶层是否代表着先进的生产力，它有无政治诉求，以及有无手段来实现这种诉求并引领社会的发展方向。

三

从根本上来说，社会转型依赖于新的社会阶层的出现，从西方社会的历史上看是如此，从现实上观察亦然。二十世纪六十至七十年代左右，西方资本主义又在经历着一次转型,即从工业社会转向后工业社会。而这次转型,归根结底,还是与西方社会中出现了一个新的社会阶层有关。

1973年,哈佛大学教授丹尼尔·贝尔所著《后工业社会的来临——对社会预测的一项探索》一书问世,揭示了资本主义社会面临着一次深刻转型。贝尔指出:

> 后工业社会的概念是一个广泛的概括。如果从五个方面,或五个组成部分来说明这个术语,它的意义就比较容易理解:1.经济方面:从产品生产经济转变为服务性经济;2.职业分布:职业与技术人员阶级处于主导地位;3.中轴原理:理论知识处于中心地位,它是社会革新与制定政策的源泉;4.未来的方向:控制技术发展,对技术进行鉴定;5.制定政策:创造新的"智能技术"。[4]

贝尔认为这五点变化是后工业社会来临的主要标志,而其中最突出的特征就是出现了一个掌握技术、知识、理论的阶层,并逐步成为社会的主导力量,这同工业社会中的资本家或企业家占据主导地位是完全不同的。恰如贝尔所说:"技术已经产生了一个过去社会上从未有过的工程师和技术人员的新阶级,他们不在工作场所,但是他们是工作活动的'参谋部'。"[5]贝尔认为,知识阶层之所以成为后工业社会的主导力量的重要依据在于,是理论思维能力而不是经验知识上升到首要地位。他指出:"当然,知识现在对于任何社会的运转都是必不可少的,后工业社会所不同的是知识本身性质的变化。对于组织决策和指导变革具有决定意义的是理论知识处于中心地位——那就是:理论与经验相比占首位,而且在知识编纂成抽象符号的系统以后，可以同任何规律体系一样用来说明许多不同领域内的经验。”[6]

可见，贝尔之所以提出工业社会向后工业社会转型的根本依据是出现了一个新的社会阶层，这一阶层主要以创造和掌握知识、技术、理论为主，不同于以往的资本家阶级以掌握资本、资源、企业为主。换言之，在工业社会中，主导社会的是资本家阶级；而在后工业社会，主导社会的是知识和科学家集团。这一新的阶层是从资本家阶级中产生、分化出来的，但又与其有明显的区别。而同工业社会的知识系统相比，后工业社会知识系统的最大特点是理论知识占据主导地位，成为决定、作用于其他社会层面的中轴。

具体而言，贝尔指出：“（后工业社会中）已经展现出三个阶级：有创造性的杰出科学家和高层管理人员；工程师和具有教授地位的中产阶级；以及由技术人员、低级教职员和教育助理人员组成的无产阶级。”[7]通过统计分析，贝尔发现，二十世纪三十年代以来，构成知识阶级的几个群体（科学家、高级管理人员、工程师、教授、技术人员等）都出现了快速增长，其中科学家是知识阶层中增长最快的群体，这意味着他们不仅是理论知识的创造者，而且还通过对理论知识的掌握控制了越来越多的社会权力，其中包括对知识阶层中的其他群体的控制。随着技术和知识阶层在就业和社会中所占的比例越来越大，社会权力也悄然发生了转移，其结果就是这一新的阶层最终控制了支配社会运行变化的所有方面的权力。

而细究这种转型的内在深刻原因，也是因为资本主义内部孕育出了一种新的社会阶层，即以占有知识、技术、理论为主的科学家、技术人员和管理阶层。

四

从世界范围内看是如此，从中国近代社会的发展变迁中观察，我们也可以得出大致相同的结论，即：中国社会的根本转型有赖于新的社会阶层的出现。中国社会走上现代化道路的过程可谓一波三折，千回百转，可以有许多解释的思路。但若是从社会转型与新阶层的出现来分析，可以说，能否形成一种体制外的“异己力量”或“异己阶层”是理解问题的关键所在。

近代中国是历史中国的一种延续。在中国漫长的封建社会历史时期内，存在着各种不同的利益集团，他们为各自的利益形成了与正统封建统治中心对立的异己权力中心和异己社会力量。综观中国历史，这种能够与封建统治中心抗衡的“异己”力量主要有四种：一是连绵不绝的农民起义，如从陈胜、吴广到宋江，再到李自成、太平天国；二是封建割据势力和地方割据势力，如三国时期形成的魏、蜀、吴三国；三是封建统治者家族内部的争权夺利，也会在历史上绵延不绝，如吕后、武则天等；四是异族的入侵，如辽、金、元之代宋，清之代明。但正如厉以宁教授所分析的，无论这几种力量多么强大，无论其表演是多么的波澜壮阔、有声有色，它们都属于封建社会“体制内”的异己力量，都不会带来根本的社会变革。这是因为，在这些令人眼花缭乱的历史戏剧的背后，所进行表演的阶级角色基本上没有什么变化，即农民阶级和地主阶级，它们之间的斗争无论有多么激烈，它们占据历史舞台的时间无论有多长，由于没有新的社会阶层的出现，它们也只能从事旧的封建生产关系的再生产，例如李自成进北京及洪秀全进南京之后的所作所为，只是从农民阶级转向地主阶级，而不会带来新的社会转型。在西欧，市民阶层和资产阶级最终成为体制外的异己力量；在中国，由于社会内部难以生长出新的阶层和异己力量，所以中国近代的变革是由于1840年西方资本主义这种体制外的“异己力量”的冲击而缓缓拉开序幕的。此后，各种意识形态经过较量，“北方吹来十月的风”，马克思主义占据主导地位。正是在这些与中国传统社会“体制内因素”完全不同的“异己因素”的作用下，中国社会才开始了缓慢而艰难的变化。

1949年，“土地革命”成功，中国社会发生巨大的变化，社会经济发展迅速，但“文化大革命”导致中国社会停滞不前，国民经济已濒崩溃边缘。究其原因，主要还是因为土地革命所依靠的阶级是农民，这一阶级的代表人物所憧憬的平均主义、理想主义的乌托邦，不能推动中国实现全面的、根本性的社会转型。所以，尽管从现象层面上看，“土地革命”所运用的是一种体制外的“异己”的思想意识形态，它产生于大机器时代的西方资本主义社会，但由于这种革命的主体是农民阶级，其目标是推翻旧政权，获得土地，等贵贱，均贫富。这些，都是社会转型的必要的、充分的条件，但却不会带来根本性的社会转型，因为还没有出现实现这种转型的新的社会力量或阶层。而“文化大革命”中所谓的“工人阶级必须领导一切”，并未带来社会进步，而是最后化为一场闹剧，也与没有找到一个能够完成中国社会转型、促进社会进步的社会阶层有关。换言之，实现社会转型、推助中国进步，不能仅仅依赖某种政治空想和一些政治教条，而是要切实地培养出能够完成这一历史任务的阶级或阶层。否则，无论设计多么完美，理想如何远大，情怀如何浪漫，也无济于事。从这一角度来看中国目前正在崛起的新社会阶层，就会愈发感觉到这一阶层对于中国社会转型的重要价值。因为它是中国历史上从未出现过的阶层。目前，中国的改革开放已近三十年，这段期间取得的成就，举世有目共睹，2008 年左右，中国经济总量将排名世界第三位，仅次于美国和日本。而新社会阶层，正是在这一过程中逐步成长壮大起来的。

尤其值得注意的是，目前，新社会阶层在中国的政治、管理层面十分活跃，其中的精英分子正在进入国家高层。北京市委统战部工商经济处处长谭林在接受《瞭望东方周刊》采访时透露，北京市统战部门时常联络的新阶层人士，数量在五百人左右，“其中大部分人，经过一段时间的观察，将被安排进工商联、人大、政协”。这正是七月全国统战工作会议的精神落实，那次会议明确提出，要“培养和造就一支具有较强代表性和参政议政能力的党外代表人士队伍”。而纳入党外代表人士队伍建设总体规划的新社会阶层，则无疑是要培养和造就的重点。新社会阶层中的精英分子正在进入国家领导高层。2007 年 4 月，中共党外人士万钢被任命为科技部部长，他是 1972 年傅作义辞任水利电力部长后三十五年来，首位民主党派人士出任政府部长。6 月 29 日，无党派人士陈竺被任命为卫生部部长。这是改革开放二十九年来，中国第一位出任国务院组成部门正职的无党派人士。7 月 6 日出版的《人民日报·海外版》在头版刊载署名文章称，重用党外人士，反映了中国共产党执政经验的日益丰富和成熟，反映出执政党的一种大视野。实际上，早在 2005 年 3 月，中共中央就出台了《关于进一步加强中国共产党领导的多党合作和政治协商制度建设的意见》，其中明确规定，民主党派和无党派人士担任国家和政府领导职务，是实现中国共产党领导的多党合作的重要内容。在地方，党外人士担任领导职务的人数逐年上升，担任正职的也不乏其例。这一方面反映出中国政治民主化的步伐，另一方面也显示出新社会阶层力量在不断壮大。

当然，有学者认为，新社会阶层远没有形成整体意义上的共同阶层意识，政治上的追求也缺乏系统。如王长江就指出，新社会阶层不同于传统的“工人、农民、知识分子”分类，其身份角色相互交叉重叠。而中国社科院社会学所副所长陈光金的研究则表明，新社会阶层远没有形成整体意义上的共同阶层意识，政治上的追求也缺乏系统。“他们只是在主观和客观上被逐渐建构起来，某些问题的认识上倾向性非常明显，还不是作为一个阶层的集体意识出现”[8]。但即使在学理上、概念上还有待厘清，这个群体的存在已是不争的客观事实。它的出现，是中国改革开放以来社会结构进一步分化的结果。在以阶级斗争为纲的年代，中国只有“两个阶级一个阶层”：工人、农民、知识分子，其更多是一种政治身份的划分，而市场经济在中国的逐步推进使契约社会成为可能，非公有制经济在中国日渐走上时代舞台并开始扮演越来越重要的角色。新社会阶层在逐步确定了自身的经济地位后，必然会开始寻找自己在政治上和国家管理层面上的位置，以及相应的政治诉求。而这些寻找和诉求对中国社会的影响无疑是深刻而巨大的。

注释：

〔1〕江泽民：《论三个代表》，中央文献出版社2001年版，第169页。

〔2〕〔3〕厉以宁：《资本主义的起源》，商务印书馆2004年版，第43、337页。

[4][5][6][7](美) 丹尼尔·贝尔:《后工业社会的来临》, 新华出版社1997年版,第127、208、21、236页。

[8]何忠洲:《新社会阶层步入政治生活尚未形成共同意识》,中国新闻网,2006年12月29日。

(刘　畅 文,原载《书屋》2007年第10期)

大学教育纵横谈

对大学教授自主性的拷问

自上个世纪末以来，我国高校以前所未有的速度大规模扩招，无论是本科生还是研究生（硕士生和博士生）都比当初增长了好几倍。从数量上讲我国成了世界上高等教育发展最快的国家，以至有官员公开声称，中国的高等教育在国际上已达到比较先进的水平。但是数量的说服力是十分有限的，如果没有质量跟上去，大规模和高速度只会形成大量低级产品或劣质产品，就像经济泡沫一样。它的负面影响不仅涉及受教育者本身，而且涉及社会从而造成社会问题。

由高校大量扩招引发的办学资源不足确实是影响教育质量的一个重要因素，然而仅仅强调这一点未免把问题简单化了。一个人所共知的事实是，随着高校的扩招，国家对高等教育的投入也有了大幅度的增长，至少像北大、清华这样一些国内一流大学以及相当一批"985"、"211"大学，由于有国家和地方财政的大力支持，其办学条件总体上有了很大改善，除开某些新开办的时髦专业外，其多数专业的培养质量基本上应该是能够得到保证的，即使说不上提高，总也不应该下滑吧。但是面对社会的质疑，有哪一所学校能够理直气壮地说我的培养质量是上升了而不是下降了？因此谈论高校的培养质量问题，除了注意到扩招带来的影响外，还要注意到其他方面。

上世纪八九十年代以后，我国的高等教育进入一个快速发展的时期，其在经济社会发展中的作用日益突出。就办学模式而言，学校在许多方面有了一些自主权。但是不可否认的是，我国高等教育的改革仍然没有从根本上改变以往的路径，即是说，改革后的高等教育仍然一如既往地遵循着"计划经济"的模式，作为教育主体的学校本身所拥有的自主权还非常有限。不仅如此，由于政府一方面采取各种措施鼓励高校之间展开竞争，希望通过竞争形成一批"世界一流"或"具有国际影响"的著名高校，同时另一方面又要以种种理由对高校加以规范化管理，高校处于"计划"与"市场"博弈的前沿地带，既想自主又不能自主，不想被计划又离不开计划，其结果便是，我国的高等教育最后都归结为表面化自主形式下的实质性政府型教育，政府对于教育的主导和干预较之以往更有过之而无不及。在这种尴尬局面下，许多奇怪的事情就发生了。

以研究生教育为例。和本科生一样，研究生从入学到毕业，通常要包括招生录取、课程学习、论文写作、毕业答辩等多个环节。这些环节犹如机器生产的道道工序，环环相扣，对人才培养质量层层把关，而在每个环节上稳把质量关的第一责任人应该是导师，即各所在学校的教授们。在我国高校，教授们的责任一向是较为明确的，但他们所负责任和他们拥有的权利却极不对等，由于不对等，他们的责任心降低了。不是说他们没有责任心，而是说他们没办法完全负起责任，尤其是对质量的责任。

招生录取是保证研究生培养质量的第一道关口，其意义之重大不言而喻。对于导师而言，能否招收到合格的研究生，直接关系到日后能否培养出高质量的人才。而这里所说的合格，并不专指考生的考试成绩，而是要更多的看其是否具有从事研究工作的潜力，因为研究生顾名思义是要从事研究工作的。现行的招考制度是从上世纪七十年代后期开始实行的。当初由于招生规模很小，学位点也很少，国家对研究生招生的"规范化"管理还刚刚起步，因而导师在录取学生方面具有较多的发言权。但是这种状况没有维持很久，八十年代以后，情况改变了。不论是硕士生还是博士生，国家规定统一的考试时间和科目，划定统一的分数线，一如整齐划一的"高考"一样。如果某个考生某一门成绩比如外语差一点点没达到分数线，即使导师认为他(她)具有学术潜力和培养前途，也无济于事。也许由于政府认为这样的考试还是有可能给学校和导师留下某种机动的余地，从2007年开始，国家将统考科目由原来的外语、政治理论扩大到专业基础，使不少专业的初试科目及标准实现了全国性统一。这种与"高考"几无二致的研究生考试形式，论规范则规范也，然而它却将学校和导师的招生自主权完全剥夺了。

以统考的形式规范研究生入学考试，有利于更好地体现公平原则，这是现行招生制度所以能存在的最充分的理由。而它的弊端是有可能将一些或因考试的偶尔失误，或因对其学习用处不大的外语(就某些专业而言)没达线的考生排除在外。教育行政部门其实也察觉到了这一点，因而近些年来，允许一些学校通过免试推荐的方式直接接收优秀本科生进入硕士生学习阶段。这种方式对于补救统考的弊端具有积极作用,但它的作用却十分有限。与此同时,一些具有资质的学校将免试推荐的形式上延到博士生层次,允许博士生导师直接从在读硕士生中限额招收"直博生",从而赋予了导师在博士生选拔上的某种权利。然而,学校在对导师让权的同时,却加上了某些严格的限制,比如要求导师对每一名招收进来的学生,要按其学制年限从自己的科研经费中预先一次性付给其若干生活补助费,否则便不予录取。我们知道,一位教授能否获得政府的课题资助,取决于多方面的因素,教授的学术水平并不必然地与是否拥有受助课题相关;另外,不同的学科,不同的专业,获得资助的几率以及获得资助的额度也相差甚远,比如基础性人文学科就根本不可能跟一些理工科专业相比。在资源获取极不对称的情况下,对一些特定学科和专业而言,经费上的设限怎么可能保证导师的少量自主权真正得到落实?

无论是绝对化的考试形式,还是有所变通的免试录取,其中之所以弊端层出,一个重要原因是没有给处于教育第一线的教授以应有的自主权。作为政府行为的研究生统考日益绝对化不用说,导师用科研经费换取"直博生"的规定同样如此。上世纪九十年代以来,我国高等教育进入一个高速发展的时期,校际之间的竞争呈白热化态势,"985"、"211"成为许多学校领导甚至地方政府追逐的目标,重点学科或实验室以及硕士点和博士点的拥有量,成为衡量一所学校是属于教学型还是研究型的重要标志,一年一度的准政府行为的高校排名更像一根无形的鞭子,驱赶着各个高校拼命向前。这种竞争表面上是"市场行为",实际上则是政府行为,至少是由政府行为所驱动的。因为绝大部分资源都掌握在政府手中,谁在竞争中胜出,谁就能获取更多的资源,反过来,谁能获取更多的来自政府的资源,谁就更容易在竞争中胜出。握有资源的政府成为操纵高等教育的有形的手,最大限度地争取政府支持和从政府手中获取尽可能多的资源成为学校参与竞争的最大动力。而对学校来说,为了达到上述目标,就不可避免地要将各种指标强加于教授们的肩头上。于是,用科研经费换取招生资格,就成了激发教授们积极性的一着奇招。你想保住招博资格继续当博导吗?你想不遭致学子们的冷遇吗?那好,你去弄课题吧!有了课题,有了经费,一切都好办了。在这里,人们不难发现,政府驱动学校,学校驱动教师,在这个驱动链条中,最倒霉的是教师特别是教授,教授不仅没有了自主权,而且没有了尊严。当然受连累的还有学生,教授无权或无资格录取,一些够条件的优秀生源只好被挡在门外。

教授自主权的缺失不仅体现在招生环节上,而且也体现在培养过程中。研究生在入学之前一般都经过了本科阶段系统的专业学习,具备了一定的知识基础和理论基础;即使是一些跨专业的研究生,经过考前阶段的自学,对现有专业也不会太过生疏。因此研究生阶段的主要任务便不应继续停留在对一般性知识的掌握上,而应该重点放在学习方法的训练和学习能力的提高上。这是教学与学术研究相统一的原则,世界一些著名大学就一直坚持这一原则。比如德国的洪堡大学认为,“大学的主要职能不是传授知识,而是追求真理,因此,学术研究应当具有第一位的重要性。教授应当从事研究并且将自己的研究成果、方法以理论化、系统化的方式传授给学生,学生不仅学习知识,包括最前沿的,而且更主要的是掌握方法,即独立地获得知识的方法,同时养成从事探索的兴趣与习惯”。我们的研究生教学也强调其研究性,许多学校对研究生还提出了发表论文的具体指标和要求,但这与研究性教学仍有不小的距离。且不说现有课程设置中占相当比重的千篇一律的公共课基本上只是一种灌输，与研究基本沾不上边，就是与专业相关的一些课程也好不到哪里去。尤其是在一些基础人文学科，一份发黄的讲稿年复一年使用的情况并不鲜见。为什么会出现这种情况？说穿了还是在于教学工作对教授们来说只是一个软指标，而做课题、搞科研才是硬指标。穷于应付的考核、定级、评奖等等这些来自体制的硬约束使得相当多的教授先生们不愿意把大量的时间和精力用在对学生的培养上。当然也不否认有一些教授会让学生参与到自己的课题研究中来，这种参与对培养学生的研究能力是有好处的，但这不能说是一种普遍的现象。更多的情况是，学生游离于教师的课题之外。几年下来，学分一个不少，能力却不见得有多少长进。不过这对毕业论文答辩的通过并不会造成多大影响，只要过得去，导师总会手下留情的。由导师聘请的答辩委员会一般都会不看僧面看佛面，给足主人的面子；而时下流行的答辩前后的论文盲审也大都能够顺利过关。个中道理圈中人都知道，大家相互默认，心照不宣，也不觉得有什么不正常了。

学校围着政府转，教师实际上也是围着政府转，作为具有主体性的教师的角色定位自然容易发生偏离；而教师尤其是研究生导师的角色定位一旦偏离，就会直接影响到所培养的学生。所以从一定意义上讲，当下研究生教育质量出现问题几乎是难以避免的。

但是这能不能说明一切问题都应由现行体制负责，而教授们就没有一点责任呢？显然不能得出这样的结论。对身处高校的教师特别是教授来说，搞好教学工作，认真培养高质量的学生，是他们的天职，在任何情况下都应如此，没有任何条件可讲。同时也应该指出，政府的主导，体制的引导，从一方面讲是束缚，从另一方面讲则又是为教授们提供了从事教学、科研更为有利的条件。能够从政府手中拿到课题，获得经费资助，获得某种奖励，总是一件好事情。现在的问题不是大大小小的教授们争课题、重科研错了，而是他们中的很多人陷入了一个认识上的误区，即在他们看来课题似乎决定着一切，没有了官方课题，就没有办法生存下去；而围着官方课题转，投其所好，又不一定是完全出于自己的学术兴趣和知识追求。于是，表面上研究搞得轰轰烈烈，数量可观，细看起来也就那么一回事。这对教授们的利益没有什么损害，但学生则未必有多少受益。在这里我们看到，如果说教授们的主体性出了问题的话，除了体制上的原因之外，教授们自己也要负一部分责任。

大大小小的教授们自觉或者不自觉地放弃或损害自己的自主性去迎合某种体制，借用一种说法叫做"共谋"。这种"共谋"一方面体现在人们与经济、社会、政治或西方社会科学等外部场域之间，另一方面也体现在他们与各种"操作"中国学术制度安排（比如说考试制度、学籍管理制度、学位授予制度、职称评定制度、重点学科设定安排、项目分配安排、出版制度、评价体系等）的实践之间，比起前者来，后者实际上来得更为直接。比如当今高校中存在着的某些掌握较多行政资源或学术资本的导师为了谋取科研课题而在招收博士生过程中进行官学交易的腐败现象，或者为了谋取各种其他利益进行钱学交易的腐败现象，等等，在一定意义上说都是教授们的主动参与和自觉参与，套用布迪厄的话来说，都是"他们在结构上倾向于寻求与外部权势——不论是什么——的结盟"。显而易见，这些存在于高校内部的"操作"或"玩弄"中国学术制度安排的学术腐败现象，是一股常常不为人们所重视但却无时不在摧毁着教授群体自主性的力量，而这种“操作”或“玩弄”之所以能够年复一年地完好地延续下来并转换成种种非正式规则，实是那些拥有“资格”或“权力”的教授与各式人等之间所进行的交易性“共谋”所致。可以说，没有高校教授们的集体性“失语”、“沉默”或“冷漠”，那些“操作”或“玩弄”中国学术制度安排的丑陋实践绝不可能如此顺利，也绝不可能演化成种种主宰中国学术发展的非正式规则。

教授群体主动迎合体制，参与和体制的“共谋”，其危害甚大。它不仅使教授们进一步心甘情愿地放弃自我而任人摆布，而且使学术研究中的急功近利和形形色色的学术腐败行为以合法的形式到处充斥和大行其道；而这种情形又严重败坏着学术风气和社会风气。现在不是经常发现某些研究生以至博士生也像某些教授一样有抄袭、剽窃他人论著的行为吗？不是更有并非个别的研究生，其既不到校，也不听课，甚至还用不着自己亲自撰写论文，却仍然能够照样通过答辩顺利毕业吗？研究生当中之所以会出现这些现象，当然有研究生自身的原因，但严重恶化的学术风气和社会风气所造成的影响不可小视。导师心绪浮躁，急功近利，学生焉能不仿而效之？导师只关心与自己切身利益相关的课题研究而淡化对学生的指导和督促，学生焉能不自我放松？从某种意义上讲，现今研究生质量出现问题，是以研究生导师出现质量问题或放弃部分责任为一定前提的。导师如果坚守自己的知识分子立场，对学生真正负起责任，情况肯定会好得多。

这使我们再一次联想起过去的某些年代，比如上世纪三四十年代。那时不是没有体制的引导和约束，也不是没有对于体制的“共谋者”，但在那个年代的知识分子当中，却产生了相当一批受人景仰的著名学者和学术大师,他们不仅留下了许多影响当时、传之后世的鸿篇巨制,而且培养和造就了不少杰出人才。学术前辈们之所以能取得骄人的成就,最根本的原因还是在于那时的许多知识分子比如大学教授并不乐于或者并不善于与体制“共谋”,他们看重自己的独立身份,不愿苟且,不愿仅“为稻粱谋”。他们大多凭着对知识、对真理的执著追求,凭着自己的学术良知,主动地、自由地进行创造性的工作,这种工作既包括对学术的研究,也包括对学生的培养。正因为如此,那时的学术风气仍值得我们去怀念。当然,眼下在我们的学人当中,在教授群体当中,也还是有一部分人仍然在发扬着过去的好传统,他们不图名,不图利,不趋时,不附势,踏踏实实地做学问,认真负责地教学生。他们的考核表或许不那么耀眼,在一些指标上也可能有所欠缺,可他们仍然取得了相当的成就,同时也赢得了学子们的尊重和爱戴。不过这样的人不是多了,而是少了。如果这样的人再多一些,有些事情可能会办得更好一点。

教育的发展绝不仅仅只是体现为量的扩张,而是应该主要体现为质的提升,较之于前者,后者更为重要也更为艰难。为了把高等教育质量真正提上去,使高校不仅出更多更好的科研成果,而且出更多更优秀的创新型人才,政府有许多工作要做,高校自身也有许多工作要做。但是不管怎样,不能忽视了教授们应有的主体性地位。我们的制度改革要有利于为教授们提供一个相对宽松的治学环境和育人环境。

(仁　之　文,原载《书屋》2007 年第 3 期)

大学“扩招”：失败的尝试

1999年推出的大学扩招政策，使中国的大学们承载起了协助政府推进经济增长的光荣任务，在近现代大学史上，破天荒，这还是第一次。如今，这个政策推行已经八年了，给我们带来了什么呢？我们看到的，是大学在有限的基础设施和师资条件下不停地增加学生人数，不惜因为数量而牺牲质量；是高校进行了一场不顾一切的“创建世界一流大学”的运动；是学费的疯狂上涨；是千百万大学应届毕业生上学难、就业难。

一、贫困学生“入学难”

大学扩招能够让更多的人接受高等教育，具有一定的提升全民素质的效用，本来是件好事，但却让我们给办砸了。最令人难以接受的是，扩招后学费高得离谱,给民众带来了极大的困扰。据统计,从1995年到2004年,我国高校生年人均学费从八百元上涨到了五千元左右,进入新校区的学生的学费则达到六千元左右;住宿费则从1995年的二百七十元左右,上涨到了2004年的一千二百元左右,再加上基本生活费开支等,平均每个大学生每年费用在万元以上,也就是说,四年的大学生活,家长需要支付孩子的费用在四万元以上。而国民人均收入在1995年至今的十年间增长不过四倍。

有人算过一笔账,2004年,我国城镇居民年平均纯收入和农民年平均纯收入分别为九千四百二十二元和二千九百三十六元。也就是说,供养一个大学生,需要一个城镇居民四点二年的纯收入,需要一个农民十三点六年的纯收入。西部地区一个大学生每年平均支出七千元,相当于贫困地区九个农民一年的纯收入;一个本科生四年最少花费二万八千元(按最低水平计算),相当于贫困县一个农民三十五年的纯收入。据报载,成都附近一小小县级市德阳,就有二十名收到大学录取通知书的高考学生因家贫凑不出数千元学费而面临弃学的痛苦抉择。

如此一来,高校收费也就和住房、医疗一起,顺理成章地成为当今中国普通民众难以攀越的新"三座大山"了。不知数十年以后的中国人怎样看今天的这一连串数字。他们可能会问,那时候的人疯了,光上学、不吃饭了?

尽管学费增长势头如此之猛,但仍不能令大学教育的垄断者们满意,各种乱收费仍然层出不穷。去年3月29日,国家审计署公布了对十八所中央部门直属高校的审计结果,这些以北大、清华、复旦领衔的名牌大学,虽然每年获取了巨额的财政拨款,但仍对学生乱收费。仅2003年一年，即收取未经批准的进修费、MBA 学费等六亿四千四百二十七万元，收取国家明令禁止的费用六千零一十万元，自行设立并收取辅修费、旁听费等七千三百五十一万元，超标准、超范围收取学费、住宿费等五千二百一十九万元，强制收取服务性、代办性收费三千二百八十四万元，重修费、专升本学费等五百五十四万元，共计八亿六千八百万元。

没有多少人反对大学收费，但这并不意味着大学可以为所欲为任意抬高收费标准。衡量一个社会公正化的程度，关键是看它对穷人及弱势群体的态度，大学扩招不仅没有任何倾向穷人的表示，反而极大地加重了社会的不公正，还人为地扩大了阶层鸿沟和城乡差异，充当了社会财富分配中的一个极不光彩的角色。这样的社会终将发生什么，难道不让人心惊肉跳吗？

常听到的一个说法，美国上大学也收费，而且费用昂贵，但我们似乎并不想了解那里的真实情况：联邦政府每年给大学生的财政资助达一千二百二十亿美元，大致相当于中国 GDP 的百分之八点六。

这笔钱中，有近八百一十五亿美元来自联邦政府，六十六亿多来自州政府。美国联邦政府对高等教育的投入，以资助学生奖学金为主，基本不对大学进行常规的行政拨款，主要给大学拨款的是州政府。而州立大学的学费很低，平均学费为五千四百美元，其中有百分之五十九的学生接受了平均每人四千六百美元的奖学金，几乎顶了学费。另外，有百分之五十一的学生接受了平均每人五千八百美元的学生贷款，总体算来，有百分之七十六的学生接受了各种不同形式的资助，总额达到平均每人八千七百美元。穷学生进了大学，不仅学费全免，还可以领到优厚的生活费，可以专心学业。私立高等教育虽然价格很高，但有联邦低息贷款和联邦补助的勤工俭学(政府补贴工资),还有大量的奖学金(个人捐助加政府投入)。

不久前,教育部的官员称,北大、清华是名牌大学,向社会提供的是稀缺的优质教育,就像名牌服装,不是人人都负担得起的。言下之意,上中国的一流大学如同高消费,没有穷人的份儿。穷人上不起好大学,但几乎与此同时,美国顶尖的私立大学斯坦福,却宣布免去家庭收入在四万五千美元以下学生的学费。如果学生家庭收入达到六万美元,也只负担全部学费的十分之一,也就是三万三千美元。而这还只是学校单方面免除的学费,许多贫困生还可以接受大量来自于校内外的奖学金,甚至基本不花钱就能完成四年的“精英教育”。要知道,美国平均家庭收入也不过五万美元上下,只要家庭收入稍低于这条线,上一流大学的学费就全免了。在美国几个顶尖名牌大学上学的中国学生心里都明白,他们中的大部分人不仅不用缴纳学费,学校还给他们全额生活费,一年下来,费用可达四万美元以上。耶鲁大学校长不久前还特地告诉中国学生,被耶鲁录取,不必担心没有钱,“我们会帮助你们解决”。

还有人拿最能引起中国人自豪感的印度相比,可是,中国、印度大学教育的最大的不同点,正是在大学教育上。中国的大学收费越来越高,印度的大学则被称为“穷人的俱乐部”——学费被冻结了五十年,维持在一百八十卢比不变,也就是四美元多一点的水平,相当于人民币,也就是四十多块钱吧,即使是印度最穷的人也上得起。此外,印度的大学生还可以享受各种福利补贴,在房租、火车飞机票甚至汽车月票上都享受优惠,算总账的话已大大超过学费支付。上大学对于穷人来说,就像去拿生活补贴。事实证明,印度以比中国少得多的投入、破落得多的学校、低到了极点的学费、平等得多的制度，培养出来的学生至少不比中国差，这一点已经被毕业后在美国求职的印度学生所一再证实。

还有人说，不是有助学贷款吗？真实情况是，随着大学生就业难的形势越来越严峻，这条路实际上已被堵死了。我们的贷款是商业银行运作的，许多大学生毕业后，连温饱都难以解决，因欠债、逃债而不能如约还贷，非道德因素不为也，实乃经济因素不能也。面对越来越高的违约率，银行又如何敢继续放贷，高校又如何敢继续担保呢？

我们在扩招时为什么不能免除低收入家庭学生的学费？为什么不能给中低收入家庭的学生以必要的财政资助？用学费把学生挡在大学门外不仅道理上讲不通，经济上也很不合算。这些原本能够在未来二十年成为社会中产阶级的人就因为差几个钱而永远停留在社会的底层无法翻身。他们本来可以成为社会上最具有实力的消费者，可以为社会的发展贡献更多的智慧，可以为国家交纳更多的税金。他们在未来将会以一种创造性的方式，把当初社会投资在他们身上的钱反馈给社会。可是像现在这样，他们反倒有可能成为社会的救助对象，这是一个各方皆输的结局，是一种非常愚蠢的行为。

二、应届毕业生"就业难"

就业，是大学扩招后民众遭遇的第二难。如今每年都有四五百万应届大学毕业生涌进人才招聘市场，这个庞大的数字所带来的直接后果，就是严峻的就业问题。2002年的深圳招聘会上，曾出现十万大学生竞争一万五千个职位的局面。共青团中央学校部和北京大学公共政策研究所的“2006年中国大学生就业状况调查”显示，2006年毕业的本科生中，有百分之六十六点一的大学生将月收入定位在人民币一千元到两千元之间的低水准，百分之一点五八的学生甚至愿意“零工资就业”，结论是“六成大学生毕业即面临失业”。部分毕业生的起点工资竟然降到了民工价，仍然是一职难求。面对这种人心慌乱的局面，人们正在从各个角度反思，延续了将近九年的大学扩招到底出了什么问题？

由于就业难，大学毕业生群体中还出现了“啃老族”和“校漂”现象，前者指没有就业能力，依靠父母过活的年轻人；后者指活动在校园内，居住在校外的出租屋，考不上研究生又找不到工作的毕业生。根据一项针对北京、上海、广州、武汉等地的十所重点和普通高校一百一十个毕业班所做的调查，重点高校的“校漂族”约占毕业生的百分之五，普通高校的“校漂族”约占百分之十。据估计，目前“漂”在学校的毕业生已达到几十万人。

于是，在中国就出现了一种独特而奇怪的现象，虽然大学生群体在全国总人口中只占很小一部分，高等教育的普及率甚至连印度也远远比不上，但是却出现了严重的“过剩”现象。

中国的大学教育在体制上对教育部负责，受其严格的行政管制。在教育部的监管下，大学竞争的是“985”、“211”或创新基地之类的项目，而不是直接面对市场，根据社会和市场的实际需要来开设专业、设置课程、确定学校各专业的发展方向，培养在劳动力市场上有竞争力的毕业生。在这样的体制下，尽管大学毕业生的人数迅速增长，劳动力市场的竞争者日益增多，但培养出来的大学生却很难适应工作单位的实际需要，用人的企业往往难以招聘到合格的人才。

近年的人才市场上出现的招聘难现象证明了这一点。一些外国企业抱怨在中国招聘人才难，国内的一些企业、文化单位想招聘合格的翻译、编辑、文秘也同样难。这种情况的出现，只能说明大学毕业生素质严重下降、专业能力欠缺。这种“过剩”中“匮乏”的矛盾状况说明，大学生的内在构成素质无法适应社会的需要。他们虽然在大学里厮混了四年，临到毕业却不具备大学生应具备的专业学识、技能和人文修养。这样的大学生，即使数量再多，也难以适应社会的需要，自然难逃毕业即失业的命运。

社会需要具有独立思考能力和创新能力的高精尖科学技术人才，也需要熟练掌握某种实际操作技术的劳动者，二者之间应有一个大体恰当的比例。大幅度压缩普通教育，把经费集中在高等教育上，必然导致初、高中教育和普通职业教育的萎缩。当前我国劳动力市场上最需要的人才不是大学生，而是中等技术人才，包括流水线上作业的工人和其他具有实际操作能力的劳动者。在大学毕业生找不到工作的时候，中专、技校毕业的学生却比较抢手。据媒体报道，当今中国制造业技术人才缺口达一千万，北京市护士每年均缺少四千二百人，2006年，广东的技校学生毕业一次性就业率达到百分之九十八，起薪每月达两千元以上。

技工、护士吃香，大学生贬值，体现的是一个简单的道理：行政垄断办不好高等教育。由于大学盲目扩招，八年之间由一百万急升至四百万人，使得培养技术工人、护士的职业技术学校在享受国家资源和生源竞争方面陷入了尴尬的境地，招生数量急剧减少，职业教育急剧萎缩。北京市原有的四十余所卫校现在只剩下六所，根本无法满足社会的需要。而高校人才培养结构和培养模式下的高校毕业生无论是在构成比例还是自身素质上都不符合市场的要求，使得劳动力市场的供求关系更加不平衡,甚至出现了大学毕业生又到职业学校学习技能的现象。一些人才供大于求,另一些人才供小于求,这种劳动市场技术结构失衡所引起的失业,在经济学中称为“结构性失业”。在这样的教育格局下,国家虽动辄数百亿的投入于教育事业,培养的学生却没有用,这显然是一种教育资源的错配。

人们经常是夏天讨论“上学难”,秋天接着探讨“就业难”,没个消停,下一年接着轮回,直搞得焦头烂额。

大学扩招还大大挤占了基础教育发展所需的资源。那些号称要成为“世界一流”的大学,动辄可以得到十几亿元的政府财政资助,而广大的中小学,尤其是农村和边远地区的中小学却极为落后,孩子们只能在破败不堪的校舍里上学,大批城市农民工子女则长期失学,无人认真过问。难怪有人担心“读书无用论”在社会上重新抬头,中小学生的厌学、辍学之风重演,要是那样,扩招就不是大学教育本身的问题了,还会直接影响我国本来就十分脆弱的基础教育的发展。

可惜了中国有如此丰厚的人才资源,可惜了中国的家长们如此执著地信任自己的大学,可惜了中国纳税人辛辛苦苦创造的物质财富啊!

三、银行贷款还本付息难

这一难,难在学校,难在政府。“大跃进”必然带来大欠债,高校扩招已经引发了严重的金融问题,形成了新的金融危机的隐患。中国高校正在步国有企业的后尘,不管巨额债务有多少,最后只等着政府来乖乖买单。

我国公立大学以圈地、扩建或参与大学城建设等为目的的银行举债始于 1999 年前后,这以后一直到现在,次数越来越多,规模越来越大。目前高校向银行贷款的总量约在两千亿至两千五百亿元之间,贷款数额达到十亿至二十亿元的高校不在少数,银行贷款占到学校基建总投资的百分之八十以上。河北廊坊的东方大学城投资金额达五十亿元,广州大学城总投资一百二十亿元,其他省市的一些大学城投资最少也在四十亿到五十亿元。

与巨额贷款相对应的是巨大的本金和利息支付,那么,以学费作为主要收入来源的高校能按期还本付息吗?在一次与金融学家高正平教授谈及此事时,作为一名大学副校长的他曾以北方某院校为例算过一笔账:该校到 2005 年末贷款总额度约为八亿元,按百分之六计息,每年要承担约四千八百万元利息;该校在校生一万四千人,按在校生每人每年四千元学费计算,学费收入约为五千六百万元。这样算下来,该校每年的利息支出约占学费收入的百分之八十六。学校的学费收入基本上都用在支付银行利息了,它还有何余力办学?学校每年必须承担的日益增长的教职工工资福利支出和行政管理费用支出从何而来?学校就是拿出"吃奶的劲儿",也不过勉强承担每年的贷款利息,至于偿还本金,想都别想。

目前,各高校赖以还款的学费收入已经处于相对高位,社会的承受能力有限,国家有关政策也不允许,因而再加收学费的可能性很小,也就是说,今后学校即使完全依靠学费付息也难以为继了。而我国基本建设贷款的期限一般为六至八年,从 2006 年开始,已经进入各高校还贷的高峰期,许多负债累累的学校从财务核算上已经发生了严重困难,有的实际上已经处于破产的状态,一旦资金链发生断裂,就会使它们陷入严重的财务危机。面对强大的还债压力，一些高校已经开始借新债还旧债，甚至“卖地还债”。如果事态无法控制，我国高校这些年的“发展”政绩就将大打折扣，许多高校的日子将难以为继了。

高校贷款及由此发生的资产流失有可能成为我国金融领域的一个隐患，这绝不是危言耸听。2005 年 12 月末，我国金融机构人民币各项贷款余额为十九点五万亿元，其中中长期贷款余额为八点七万亿元。到 2005 年末，高校贷款规模已经占到我国中长期贷款余额的百分之二点三。多数高校当初贷款时可能根本就没打算还贷，而是寄希望于国家财政最后“买单”，这就很有可能使高校在继国有企业后成为又一个不良贷款的重要来源，构成新的金融风险。

在中国，高校如何发展从来是政府说了算，政府在高等教育领域一直处于高度垄断的地位。但是，在资金支持、办学自主权等方面却不给学校以应有的和充分的权利。政府极力要求高校扩招，而扩招首先要进行基本建设，资金本应由政府提供，而政府却不足额提供学校发展所需要的资金，高校拿什么扩招？学校不是企业，本身不具备资金“造血”功能，于是不得不想办法自筹资金，寻找其他的资金来源渠道。社会赞助等资金来源渠道都十分有限，只能依靠银行贷款。就这是高校不得不大量举债的主要原因。一旦背上巨额债务负担，各高校的财务运作便失去了相对的自主性和灵活性，不管怎样“精打细算”都无法既保证财务安全，又不牺牲学校发展的目标。

高校的扩张可以带来地方 GDP 的增长及周围地区房地产市场的繁荣，因此地方政府对高校在本地发展当然是持热情扶持的态度，争相给予其相当的政策支持。也正是因为有了地方政府的支持，个别银行贷款也扫除了后顾之忧。有的地方对高校建设用地过度审批，动辄把几百亩、上千亩土地以低廉的价格转让给学校。这种转让方式让高校节省了一大笔开支，但这也极大地刺激了各高校进行大规模基本建设开发的热情。一片片的大学新校区，一栋栋簇新的教学楼，其实背后就是一笔笔巨额银行债务。国有商业银行对此也负有直接或间接的责任。由于国办高校贷款存在实际上的政府担保和支持，银行给高校贷款的热情十分高涨，甚至追着学校放贷，贷前审查、贷款手续、贷款的使用监督等都相当简便松懈，如此，高校“何乐而不贷”？

有一个道理至今仍未引起人们注意：无论是从国外发达国家高校发展实践看还是我国国情看，把商业化运作作为国有高校发展所需资金的来源都是行不通的。扩招引发的高教“大跃进”，已经给中国高等教育造成严重的戕害，再不总结经验教训、反思失误的原因，将使中国惨淡经营的高等教育彻底坠入痛苦的深渊。

四、办好大学难上加难

高校应不应该扩招，取决于国家的经济发展水平。经济学家认为，在经济起飞的阶段，普及基础教育的社会收益率大大高于大学教育。普及基础教育可以为工业发展提供充足的后备力量，也可以促使大量的农村人口能够顺利地转化为产业工人。也就是说，在前工业化时期和工业化的早期，经济发展靠的不是普及的高等教育，而是普及的基础教育，甚至只要是具备基本的读、写能力的小学教育。在经济发达之后，才可以考虑普及大学教育的问题。

近年来，尽管我国经济有了很大增长，人均GDP超过了一千美元，但我国仍然属于发展中国家，能上大学的是少数人，国家能够用于大学教育的财政费用也只能满足精英教育的需要，所以我国大学仍然属于精英教育。不顾客观实际的可能强行跨越，实施高等教育“大跃进”，结果只能是事与愿违，越搞越糟。

根深蒂固的官本位、行政本位，高度集中的管理体制，是当今中国大学的主要弊端。政府之手对高教事业任意干预，用计划经济时代时兴的抓指标、群众运动的方式（全国高校“一刀切”，统统扩招）来组织、领导，是扩招失控的主要原因。遗憾的是，目前的中国，不管是学者还是官员或是民众，至今仍没有几个人能够意识到这一点。

实际上，大学本身也是扩招的受害者。高校得到的，仅仅是眼前的经济效益，而与大学生死攸关的信誉和学统文脉则彻底丧失，一种不为人们所见的代价已然付出。未来数年甚至数十年的时间，中国的大学将不得不为这几年的盲目跃进付出痛苦的代价。这是一种自杀式的发展，是一种不顾一切的疯狂行为。

有一种说法，“扩招”导致了我国大学教育质量的下降，其实，这个质量很长时间就没有高过，只是“进一步”下降而已。扩招只是使原先就存在于旧教育体制中的深层次问题浮现出来。在“争创世界一流大学”运动中，各大学争抢项目，送礼行贿，暗中串联，弄虚作假，早已是公开的秘密。一些知名大学毫无顾忌地利用自己的名声不停歇地办班敛财，全然不顾基本的教育声誉。当世界各国高等教育蓬勃发展的时候，中国的某些大学却变得腐败不堪。在金钱和欲望的带动下，已经成了功利化的市场，许多教授斯文扫地，其文化身份和道德资本荡然无存。

大学可以促进经济社会的发展，但它本身不是经济，不是企业，更不是商品，大学永远也不能以盈利为目的；

大学不是一块牌子，不能把所有的资源都用来“打造名牌”；大学是教书育人的地方，是产生思想的地方，是人类文明的传承者，是民族的希望和未来；

大学培养的是人，不是工具。大学讲究的是“博”和“通”，培养的是具有独立意识和独立思考素质的人。

中国大学教育的生机在哪里？人们开始严肃地思考这个问题，虽为时已晚，但也不是无可挽回。能不能重走大学的正常发展之路，难道我们就只能听天由命了？

（**李炜光** 文，原载《书屋》2007 年第 3 期）

大学教育使人民贫困

暑假期间，笔者回家乡探望老母，偶然遇见了以前教过的一名学生，闲谈之下，才知道他大学毕业已一年多，至今还没有找到工作。

有关大学生找不到工作的事情已不是新闻，听说这几年家乡已积累了数百名“久不售”的大学生，弄得老百姓议论纷纷，成为一桩急需解决的社会问题。据了解，这些大学生大都家住农村，有的可能因为素质问题，有的可能因为要求偏高，因而很难找到工作。为了孩子读大学，不少家庭已陷入困境，比如我的学生家里就负债三万多，不知什么时候才能还清。

大学教育使人民贫困这一现象令人深思！

据报道：日本是世界上教育消费最高的国家，培养一个大学生每年大概需要花费十一万元人民币，中国则大约需要花费一万元人民币，但日本的人均 GDP 是三万一千美元，中国是一千美元，从支付比例看，其支付十一万元仅相当于中国支付三千五百五十元，也就是说，从支付能力看，中国现阶段大学支出是世界最高的三倍！

然而 2004 年中国城镇居民年平均纯收入和农民年平均纯收入是九千四百二十二元和二千九百三十六元，那么供养一个大学生，需要一个城镇居民四点二年的纯收入，需要一个农民十三点六年的纯收入，可以说高等教育的消费标准已经超过了广大普通居民的承受能力。

可叹的是，我们的不少新闻媒体却常说当今中国的大学教育消费，老百姓基本上能够支付得起，应该说，这对一些先富起来的人来讲，的确没问题，但对大多数收入不高的城镇居民与农民来说，大学教育无异于贵族教育，为了孩子完成学业，不少家庭费了九牛二虎之力，省吃俭用，东挪西凑，才勉强让孩子把书读完！

那么，老百姓这般辛苦为哪般呢？还不是希望孩子接受高等教育之后，能找个好工作以改变家庭贫困面貌？这下可好，不少学生毕业等于失业，大学教育不仅不能改变家庭命运，反让家庭雪上加霜，陷入困境，越来越贫穷，你说老百姓不寒心吗？

事实上，别说高等教育，就连中等教育，对现今中国的一些贫困家庭来说，也是挺艰难的。据此，我们完全可以这么说，对弱势群体来讲，中国的教育，尤其是大学教育，已使越来越多的家庭陷入贫困之中，如果我们对此现象熟视无睹，见怪不怪的话，那么，人们公认的所谓“教育改变命运”就成了一句空话，长此以往，贫富分化就会更加悬殊，民间就会积累更多仇怨，我们何时才能够实现和谐社会呢？

应该讲，在当今中国，能够接受大学教育的人还是很幸运的，虽然扩招使精英教育变为大众教育，但大学生在国民中的比例还很低，远远比不上发达国家，只要我们千方百计扩大就业门路，公开公平公正地考核，我就不信农家的孩子会找不到工作，没有用武之地。

但愿大学教育使人民贫困这一现象是暂时的！

（**赵钦宣** 文，原载《书屋》2005 年第 10 期）

高教收费政策不宜大动

一、选择的艰难

较长时间以来，社会各界对高校扩招和收费政策颇多微词，可谓众说纷纭，反对之声不绝于耳。现在,已到评估这项公共政策的时候了。

首先,我并不同意“教育产业化”(以商业经营为价值指导)的总体定位,不同意将公益性很强的教育办成惟利是求的商业性操作模式。但是,我们必须面对严峻的现实国情:人多底薄经济太差、教育整体水平太弱,资金缺口巨大。“希望工程”历时二十年,所募助教善款仅二十亿(只够修三公里地铁)。因此,中国教育的发展只能筑基于社会经济的整体发展,没有经济的实质支撑,仅靠道德的呼喊,无论如何是空洞乏力的。

要求政府拿出办教育的所有经费，视教育为慈善，这一思路仍走在“万能政府”的老路上，以为政府能够解决一切，能够包办一切。教育确实不能产业化，但也无法慈善化，尤其高等教育，不可能再搞上世纪五十至七十年代的包办制。实事求是地说，接受高等教育毕竟是个人追求发展的一种需要。在普遍贫弱的现实国情下，要求完全由政府或社会承担高等教育费用，是不现实的。而且，政府或社会从哪来钱？当然，政府应该削减政费军费、削减基建投资、增大教育投入。这些年，政府投入较低确为事实，2005 年教育总支出不足四千亿，仅占 GDP 总额百分之二点一六，低于 2004 年百分之二点七九与 2002 年的百分之三点四一。世界各国均值百分之五点二，高收入国家在百分之五点五以上，低收入国家平均也达百分之三点六，中国人均财政教育经费仅相当于发展中国家平均水平的四分之一，被联合国教科文组织列为世界倒数第八位[1]。但是，政府再加大投入、再怎么从其他地方挪补也是有限度的，较之教育经费之大缺口，也是一下子填不满的，这是必须承认的事实，即现实国情。

就是中小学初级教育，1990 年代的十年间，全国对农民征收的“教育附加费”和各种“教育集资”，最保守的估计也在一千五百亿元。没了这一笔钱，连中小学教育都撑不下来的。原国家教委副主任柳斌说：“2006 年以前，我们的义务教育没有成为公共财政保障的教育，财政只保障一半，有一半要靠社会筹措。”[2]

就是相对富裕的东部沿海地区，各地政府仍无力承担教育所需全部资金，托举不起这只大盘。相对富裕省、县能够保证辖境内九年义务制教育所需经费，已经阿弥陀佛了。吃饭生存、发展经济、医疗保健、教育投资……谁都重要,谁都要钱,谁都得带着拽着,款额又只有这一点,蛋糕本身就小,不考虑现实平衡是不可能的,也是不负责任的。必须承认,任何选择都不可避免地会受到来自理想与现实的双重掣肘,任何稍有偏重的选择都会遭到其他方面的谴责,都会听到"应该这样"、"应该那样"的各种诉求,而不同时期有所偏重又是无法避免的。

更重要的是:由于经济基础薄弱,我国用于教育的公共开支尚不足世界教育开支总量的百分之三。再据1990年代末统计,我国各类在校生为二亿八千三百一十六万,约占世界受教育人口总数的四分之一。2006年3月3日,教育部长周济在人大会议期间记者招待会上说:解决了百分之九十五学龄人口的义务教育。必须承认:我们是在以极其微弱的财力承办全球规模最大的教育,其中艰难可想而知。研究者指出:"这一基本国情决定了我们必须有效地使用公共教育开支,同时必须鼓励增加私人和社会的教育投资。国家没有必要也不可能对所有的教育和受教育人口大包大揽。"而且根据发展中国家教育投资的社会收益率,小学教育为百分之二十七,初高中为百分之十六,大学为百分之十三,因此"作为人口众多的最大发展中国家,我国政府必须全额资助小学教育和初中教育,大学教育理应增加私人投资。"[3]再以小学与高校生均经费投入来看,1998年小学生人均经费三百七十点七九元,高校生人均经费则为六千七百七十五点一九元,相差十八点三倍。此前差距还要大[4]。再说大学生,上海财大生人均经费一万五千元/年,北大生人均经费两万五千元/年,学生所缴纳每年五千元学费,只是负担了三分之一至五分之一[5]。显然,以国家目前财力,实在无法包办高等教育。按目前执行的《高等学校收费管理暂行办法》第五条:"在现阶段,高等学校学费占年生均教育培养成本的比例最高不得超过百分之二十五”,正规院校(尤其重点高校)大致控制在这一比例之内。

还有一则资料。清华、上海交大、浙大,1991 年总经费仅为一至一点五亿元,而同期美国康乃尔大学六点八六亿美元,麻省理工十四点零二亿美元,伯克利加州大学七点七亿美元。世界一流大学的经费是我国名牌大学的六十倍之巨。仅仅一所麻省理工所拥有的经费就是我国 1991 年三十六所委属高校总经费的六倍[6]。

据最新资料,目前全国教育部属七十二所院校总负债三百六十亿元,平均每所部属院校负债五亿。之所以欠债如此之高,原因即在于高校招生规模急遽扩大,从十年前招生不足百万发展到目前五百万/年。全国大学也从十年前的一千所左右发展到今天的两千所[7]。

众所周知,任何政策都不可能十全十美,不可能没有一点负面效应,尤其在“没钱也要办事”(或钱少也要办事)的中国,任何政策选择都是十分艰难的。关键在于利弊相权之下的理性权重与科学把握,在于各种因素之间尽可能的精准调配。优先发展高教的思路,既因较之中教小教,高教总盘子最小,所需资金绝对数最少,更为关键的是对全社会的价值导向。如果教育界龙头老大高校教师的收入持平于中小学教员,那么知识的优越性便无从体现,社会成员自觉追求知识化就会失去现实激励。毕竟,高校教师所需知识积累量要大大超出中小学教师。

二、高教收费的可行性

2006 年 3 月 4 日,北大张维迎教授在某一内部研讨会上说:“我过去讲过一句话，也是挨骂最多一句——为什么穷人上不起大学，因为学费太低。什么意思？世行研究，欧洲也研究，我们用低学费的办法都是补贴，但不是补给穷人。我们如果规定学费多少用于穷人助学金，这一问题就可以很好的解决。不要按计划经济统一的标准，就像病人，有钱人和没有钱的人看一个医生，这样是走不通的。”张维迎的意思是用高收费之策进行贫富调节，使学校补贴真正的贫困生，而不是通过降低学费这一普惠制使非贫困生均沾利益，致使学校失去补助贫困生的能力。降低学费，学校失去财政能力，不仅无助于救助贫困生，而且教学质量必然下降——优秀师资外流。

据统计，全国高校生均学费1989年为两百元左右，1995年八百元左右，近年四千至五千元左右，十八年间确实上涨了二十至二十五倍[8]。同期职工工资从两百元以下涨至二千至三千元左右，当然职级、行业、地区之间的差距很大，但十八年间全国职工收入增幅至少在十五倍左右，农民平均收入达不到十五倍。从这一角度，学费涨幅高于收入涨幅，存在相对的不合理性。但这一倾斜性收费政策，即通过高中、高校收费，引导国民收入汇聚教育，从整体上支持教育发展，真正体现了教育优先的发展思路。

中国高校为什么不能合理吸纳社会资金？为什么不能执行“谁得益谁支付”的原则？更重要的是：如果以慈善性代替价值规律，便会打破目前好不容易建立起来的价值理念与现实平衡，便会重见那一系列熟悉之至的计划经济时代的旧弊旧症。至于城乡贫困家庭子弟无力缴纳学费，则可通过各种补助性质的“绿色通道”予以解决，总不能在收费政策比照“缺口效应”——以最低收入者为基准。因为少数贫困家庭无力纳费，便从整体上否定收费政策或指责收费过高,实际上是破坏整体平衡,否定“教育优先”。所谓“优先”,其实质就在于必须保证经费优先。

以上海高校为例(上海生活费用较高,贫困划定标准高于全国平均线),家庭收入人均每月四百元以下为贫困生,三百元以下为特困生。上海各高校贫困生(包括特困生)约占全体在校生的百分之二十,上海财经大学近年为百分之十三,其中百分之五左右为特困生,这里面必然有一部分“虚贫生”(故意装穷者,学校不可能彻底一一核实)。可见,贫困生总体比例并不高,远未达到需要考虑停收高校学费的地步。如果为了这些贫困生,改变收费这一大政策,那么中国高校财政不是断了一条重要输血管,一条能够得到百分之八十以上大学生家庭支持的输血管?有数据表明,近年全国高校经费来自国家财政投入已不足百分之五十[9]。某高校计财处长说:“如果严格按《高等学校收费管理暂行办法》第五条收取学费,学校就得关门。”[10]

必须承认,确有下岗工人或贫困农民因凑不齐子女的高校学费,走了极端跳了楼;也有中西部一些贫困县农民十年不吃不喝供不起一名大学生。但这些个别案例并不能证明高校收费的残酷性,并不能撼动收费政策的整体合理性。就像有人忍受不了竞争压力而自杀,难道就能从整体上推翻竞争体制么?别忘了,仅仅依靠道德是无法推动社会这架大转轮的。

中国之大,各地发展之不平衡,任何一项全局性政策都需要一定的补缺,但局部的补缺并不等于整体的全部推翻。适当运用市场机制,尽量调动一切社会力量兴教办学,再以其他补救性政策遏制负效应,应该说是相对合理的政策。目前高校对贫困生采取“绿色通道”——先入学后商量解决费用(减免学费、贷学金、助学金、奖学金等等),即“奖贷助补减”五种救助性措施,没钱也能上大学。据报道,2006年国家助学贷款已资助二百四十点三万贫困生读大学,2005年有三十九万贫困新生通过“绿色通道”未交学费直接入学[11]。陕西省累计八万五千名贫困生得到国家助学贷款五亿九千万元;其中四点五万贫困生所得三点一亿贷款,得自2004年6月实施国家助学贷款新机制以后[12]。

还有一点需要指出,贷学金政策执行六年来,除京沪等大城市毕业生还贷率较高(因收入较高),中西部地区还贷率极低,河南全省至2005年只有一名毕业的贫困生还清贷款[13]。全国有百分之二十的借贷生逾期未还[14]。2006年9月,陕西省教育厅下发通知,要求加强对贷款学生的诚信教育,对违约一年以上不还贷的学生将在媒体及网站公布其姓名与相关信息[15]。就是上海,2006年9月,农业银行将九十六名助学贷款不还者告上杨浦区法院,这些已毕业的贫困生如今每月仅需还款一百六十一元,仍然一躲了事。农业银行此类欠款纠纷达三四千件[16]。不消说,所有未归还的贷学金还是国家与高校共同买单,高校每年须向教育部协贷中心缴纳本校贫困贷学金总额的百分之四点一为风险金,国家财政部也向该中心缴纳百分之四点一风险金,共同作为银行“坏贷”的赔偿金,等于国家与高校为贫困生的高等教育作出“实际支付”。2001年国家财政高校特困生各类资金总额近七千万(含助学贷款)[17]。教育部2006年3月8日发布消息,迄今共发放贷学金一百七十二点七亿元,资助了一万八千二百零六名贫困生[18]。由于“坏贷”总额远远高于风险金,银行已有拒绝发放贷学金的动议,并要求对还贷还制定强制性措施。

就是欧美各国,教育投资也是家庭最主要的开支项目。如笔者姨妹夫妇(均为美国博士),家庭年收入十余万美元,也承担不起孩子入学哈佛、普林斯顿等收费很高的名校,只能让孩子进入居住地的华盛顿州立大学,因为该州子弟仅收学费五千美元/年。

三、高教扩招的必要性

现在以大学生就业困难反对高校扩招论调不时泛起。实际上,所谓大学生就业难也只是相对于京津沪穗深等高收入城市职岗,若放眼全国,挺进中西部,进入中等城市或再深入县乡镇,就业需求可是“大大的”。再以实际数据来看,2004年底,当年大学生就业率达百分之八十四,全国仅四十五万多毕业生未于毕业后立即找到工作[19]。这一“未就业率”显然不足以说明扩招过度。而且,“毕业即失业”乃普遍现实,哪个国家都不可能使本国大学毕业生百分之百充分就业,更不用说“满意就业”了。如果大学毕业生一出现就业难,即以削减招生数相平衡,是一种能够选择的政策么?也许我们不得不承认现实的残酷:一定程度存在的失业率,乃是促进人们珍惜工作机会的最大动力。

一头是国家经济发展需要高素质人才与社会进化需要成员素质提高,呼唤高校扩招;一头是国民希望通过接受高等教育,提高自身竞争力、提升生活质量。可见,高校扩招乃是上下两头都呼唤都支持的现实需求,于国有益,于民有利。就是中国的政治民主化,也不仅仅是社会成员单向的享权,民主也对社会成员提出相应的文化要求。仅凭就业相对困难即否定扩招,是不是太片面了?至于将高校扩招归之“延缓就业压力”、“扩大内需”、“以教敛财”,亦均似是而非,责之失当。“延缓就业压力”原本无错，难道不需要延缓吗？扩招既延缓压力，又提高青年文化素质，难道不对吗不好吗？“扩大内需”、“以教敛财”（就算是），引导国民向他们愿意且正确的方向投资，错了吗？

据美国学者罗伯特·福格尔（诺贝尔经济奖得主、芝加哥工商管理学院教授）1990年代末调研：中国人均实际收入与美国相差约一百年，但中学教育已达到1970年代水平，而当时美国人的人均收入为中国当时水平的十倍[20]。可见，以我们目前相对落后的人均收入支撑当前的中高等教育，确实体现了“教育优先”的发展思路。

不过，高校扩招确实也带来一系列问题，需要慎重对待，如学生人均教学行政用房面积从十四点四平米降至十一点八平米，生均教学仪器值从六千四百零九元降至六千二百零九元，生均藏书从一百一十七册降至六十一册[21]。高校债务问题也越来越突出，有的大学已经亏损运行，连债务利息都无力偿还[22]。研究者已经提醒若继续扩大高校规模，国家经济实力将难以支撑，呼吁我国高教发展重心应从增量转向增质。但这些较之扩招所带来的正面效应，显为次要方面的负效应，可通过适当调节加以解决。如果因了这些次要方面的负效应，否定扩招的整体积极效应，实属以偏概全，极为失当。再说，任何发展身后都不可能没有一点最初的阴影，只要还在可纠可补的范围内，就不应该因了这块阴影否定已经迈出的脚步。

就中国教育现状来说，虽然问题很多，需要不断修正改进与加大投入，但基本政策还是对路的，或者说相对合于实际国情。至少，高校收费政策目前不宜大动。

注释：

〔1〕〔5〕载《新华每日电讯》2006 年 3 月 8 日第 8 版“两会特刊”。

〔2〕载《南方周末》2006 年 10 月 12 日 A3 版。

〔3〕载《内部参阅》1999 年第 4 期((总第 447 期)。

〔4〕载《内部参阅》2002 年第 21 期(总 616 期),2002 年 6 月 7 日,第 66 页。

〔6〕林樟杰:《论新时期中国的知识分子问题》,上海交通大学出版社 1999 年第 1 版,第 176 页。

〔7〕〔8〕载《解放日报》2007 年 3 月 11 日第 3 版。

〔9〕载《社会科学报》2006 年 3 月 9 日第 3 版。

〔10〕《新华每日电讯》2006 年 12 月 31 日第 3 版“新闻观察”。

〔11〕载《半月谈》2006 年第 8 期。

〔12〕〔15〕载《新华每日电讯》2006 年 9 月 4 日第 2 版“国内新闻”。

〔13〕载 2005 年 12 月 23 日《中国青年报》。

〔14〕〔18〕据央视 12 套法治频道“中国法治报道”栏目报道,2006 年 3 月 10 日 12:00–12:30。

〔16〕载 2006 年 10 月 9 日《民主与法制时报》。

〔17〕载《内部参阅》2003 年第 4 期(总第 648 期)。

〔19〕〔21〕载《社会科学报》2005 年 12 月 8 日第 5 版。

〔20〕载《内部参阅》1999 年第 42 期(总 485 期)。

〔22〕载 2005 年 12 月 26 日《光明日报》。

(**裴毅然** 文,原载《书屋》2007 年第 10 期)

高校本科评估：谁的盛宴？

——写在教师节来临之际

不知从何时起，教育部建立了每五年一轮的高校教学评估制度，每年要评估的本科院校和独立学院大约有二百所左右，每年公开发布一次全国高校教学基本状态的相关数据。此举被视为中国高等教育从规模效应向内涵建设转型的重大举措，据说有利于高校的管理、科研、教学质量的提高，有利于高校学生的学习发展，有利于中国高校全面赶超世界一流大学，有利于中华民族的伟大复兴，代表着全国高校最广大师生的根本利益，代表着高校先进文化的发展方向，代表着高校综合实力的发展要求，其巨大和深远的意义被提升到几乎无以复加的程度。

这样看来，高校本科评估一定受到包括高校师生的衷心拥护，是高校师生乃至全国人民的盛宴。果真如此吗？

本科评估是高校教师的盛宴吗？不是。本科评估严重影响了学校教师正常的教学和科研工作，增加了教师负担。在“不换思想（观念）就换人”（私下里被翻译成“不去造假就下岗”）的话语权威逼下，教师疲于奔命，应付各种造假环节，哪有更多的时间潜心于学术研究和探索教学艺术？曾经有报道说为了迎接上级“普九”达标检查，河北某村小学青年教师在星期六加班工作，因心脏病发作，在学校里突然死亡。不知道为应付高校本科评估是否出现过此类现象，如果没有，吾辈应当知足了。教师自己造假倒还罢了，还要一次次带着学生集体造假。教师谆谆教诲大学生要诚信，要有道德底线，却在行动上带着他们造假，既败坏社会风气，使大学生和社会公众对学者和学术界产生信任危机，侵蚀学风、败坏师德和学术道德，而且造成教师人格和心灵的扭曲和分裂，说白了，容易得精神病。

本科评估是大学生的盛宴吗？不是。本科评估优秀并不会给他们带来更多的就业机会或更多的奖学金，也不会使其享受更高质量的教学服务。估计不会哪个招聘单位会因为毕业生所在高校本科评估优秀就放松招聘条件。想一想也是，三分之二以上的本科院校在评估中是优秀，这个优秀的含金量能有多高呢？本来近几年高校大规模扩招已经使高校教学水平有所下降（当然教育主管部门并不认可），再加上高校教师疲于应付造假，少有精力探索和改进教学方法，教学质量就更难保证了。当然有些大学生可以通过参与造假环节（如把重新印刷的、按教师煞费苦心地把“对错”情况设计好的“旧”空白试卷，再做一遍），获得一定的“报酬”，但这类行为对尚未进入社会的大学生的心灵是怎样的伤害呀。当然有一种

"高论",说社会本是如此,我们是让学生提前适应社会!

本科评估是高校的盛宴吗?不是。高校本科评估浪费了各高校大量的教育资金和资源,增加了原本就存在大量不合理开支的高校支出。本人最熟悉的一所高校的主要领导曾经说学校为迎接评估近几年额外多花几千万。

如同大多数评估一样,高校评估也是提前告知评估所涉项目,给被评估学校充足的准备时间。被评估单位有了充足的准备时间,也就有了充足的造假时间。本科评估已经沦落为烧钱游戏、造假游戏。如有些涂改过的试卷或者当时批改得比较松的试卷,要重新"评阅",几年前的试卷都泛黄了。为了做到这一点,先是在试卷上洒水,然后拿出让太阳暴晒。但这样做的效果并不理想,后来有人介绍经验使用高压锅压,于是有些教研室就特别添置了高压锅,效果确实明显。有些单位把早已淘汰的手工打字机找出来,再弄些发黄的纸张,制造"新的原始文本"。

福州大学高诚辉教授认为"高校评估"的恶果已在具体的实践中表露无遗,他根据各地的实际情况归纳其十大恶果,这里不妨抄录:1.影响了学校的正常秩序和教学工作,增加了教师负担,对学生产生了不良影响;2.助长了官僚主义和弄虚作假等不正之风;3.为教育界和教育部官员的腐败提供了又一温床;4.无谓浪费了各高校大量的教育资金和资源,增加了原本就存在大量不合理开支的高校支出;5. 为既不经济又不科学的以大规模行政方式评估高校教育教学质量的作法首开恶例,有可能诱发某些地区某些部门争相效仿,搞类似的中小学教育评估活动;6.使教育部偏离了正确的工作重点,变得不务正业;7.它像一股平地陡生的阴风,刹那间毒化了各高校的教学气氛和生态,改变了学校各级主管的工作重点和方向；8.逼迫教师和学生进行教学造假、成绩造假、学习造假、学术造假；9.将评估工作变成了争地位、争资金的一场竞争；10.造成了恶劣的社会影响。

本科评估可以列为二十一世纪初中国甚至世界高等教育的最大的形象工程。奇怪的是，有些高校可以花钱造假，花几十万、上百万补齐复印各种上面评估检查所需的“新的旧文本”，却没有钱购买图书，而是强制教师和学生“捐书”（基本都是教科书，尤其以公共政治课教材为多），以满足人均拥有的图书量。更为奇怪的是，有些高校可以为造假花几百万，而对贫困大学生和患绝症的师生员工却“无能为力”。

说穿了，本科评估是某些部门领导的盛宴。他们可以向上级展示自己的业绩，他们可以宣布中国高校的优秀率达到国际先进水平（不，应当是世界领先水平，因为那些发达国家的公立高校不敢乱花纳税人的钱，私立高校又舍不得花。而其他发展中国家又没有我们这种“集中力量办大事”的魄力）。他们可以骄傲地向世界宣布：中国高校从此站起来了。他们还可以将“高校本科评估”申请注册商标，申请专利保护，甚至申报吉尼斯世界纪录。过去曾有“四大形象工程”之民谣，好像是“给西湖镶金边，给长城贴瓷砖，给黄河安栏杆，给珠穆朗玛峰安电梯间”，本人在这里郑重提议希望再加上“给高等教育设立本科评估年”。当然，本科评估也是某些行政职能部门工作人员的盛宴。那些上级主管部门的处级甚至科级干部，级别比校长低，但代表的是上级，自然可以得到被评估学校的“特殊招待”。至于这里面有没有“潜规则”，由于没有真凭实据，不敢妄加评说。

就是这样一个弄虚作假、浪费资源的面子工程、形象工程，却得到很多高校领导的“肯定”。据教育部评估中心的一位负责人说,高校的校长们有百分之九十以上认为评估是好的。难道我们这些基层的教师鼠目寸光,生来愚钝,被错觉欺骗?或者是多数学校根本就不造假?还是中国科学技术大学校长朱清时说得好:“这个(指本科教学评估)好不好,得到事后大家才可能说真话。现在大家都不得不说好话。我当了十年校长,最难受的经验就是我知道一些真话,如实说却会被指责。打个比方,我们都是坐在火车里的人,突然发现火车走错方向了,但是这个时候谁都不敢跳车。因为这个时候你要承担很大的风险。你跳车,即使安全着陆了,其他人也都不认你了,觉得你很不合群。因此大家都抱着从众心理,大家都错我也错,大家纠正我再纠正。这样做最安全。其实很多校长,私下说话,包括对我说时,都觉得这样(评估)不行。但是很少有人愿意公开把它说出来。”看来有的时候,说真话都是一种奢望。

本科教学评估过程中的种种怪现象在更深层次上,折射出我国高校缺乏教授治校、大学自治、学术自由的现代大学理念,因而在本科教学评估中带着强烈的行政主导的官本位色彩,而不是以社会评价和同业评价为基准来评价各种不同类型的大学。

当然,在高校本科评估中,也有一些大学如北京大学、中国科学技术大学等高校没有打乱正常教学秩序,也没有手捧鲜花去隆重接待专家评估组,而是以比较平和的心态对待评估。但是这样的高校毕竟不多。据说也有少数大学校长对评估提出疑义。中国人民大学原校长纪宝成教授公开表达对本科教学评估的不满与批评;中国科技大学校长朱清时公开呼吁“高校评估应该停了”。只是这样真实的声音在百分之九十以上的校长们的“叫好”声音中显得非常微弱。纪校长、朱校长对本科教学评估的不满，是说了真话，而说真话是社会的基本道德和伦理底线，是社会成员应遵守的基本规范。如果连大学校长都不能讲真话，不敢讲真话，一所大学又如何能得到社会的信赖？金克木先生曾说过：知识分子是社会的良心，是社会的中流砥柱。西方社会有一种说法：如果社会中连教师、法官、医生、警察都变坏了，那么这个社会就要完蛋了。现在看来，在缺乏现代大学理念的中国大陆大学中，面对行政部门的失当行为，大学校长讲真话也真不易，不禁使人想起学者发出的“世上已无蔡元培”、“世上已无竺可桢”的感叹。

在教师节即将来临之际，写这些沉重的东西，实在是不合时宜。但是为了中国的教育，为了孩子，我们呼吁停止这弄虚作假、劳民伤财、祸国殃民、祸国殃学的本科评估，救救中国的高等教育！救救孩子！

（**曹卫国** 文，原载《书屋》2008年第9期）

税收与公共财政

写给中国的纳税人

税收是制度，是法律，是政策，也是一个国家、一个民族的文化。它反映出作为征税方的国家（政府）和纳税方的纳税人合作和互动的关系，但以往我们看到和听到的，更多的是来自其中一方——政府的信息和声音，而另一方则一直沉默不语，几乎是一片寂静。我以为，在一个崇尚民主、法治的现代公民社会中，这种现象不能被认为是正常的和可以持续的。纳税人有权利、有义务依照宪法和法律发出自己的声音，说给整个社会听，说给政府听。

对于"税"、"纳税人"这两个词，过去我们并不十分熟悉，仿佛离我们很遥远，但近些年来，随着市场化改革的深入和公民私人财产权的逐步明确，税收跟我们每一个人的关系越来越密切，已经成了整个社会高度关注的焦点。但新的问题随之出现了,受传统文化和一些陈旧观念的影响,中国人对“税”和“纳税人”的理解还很肤浅,有些明显是错误的。这些错误发生在民间,导致了偷逃税成风和税收秩序的紊乱;反映在官方,就是决策者偏好代替民众偏好的现象和侵害纳税人权利现象的发生。在多年来的“依法纳税”的宣传中,一般也只是强调纳税义务,对纳税人权利的尊重和宣扬远远不够。我们生活在一个纳税人意识严重缺乏的社会中。

问题正在变得越来越严重。如果我们不认真培育政府、官员和公民的公共财政和纳税人的意识,致力于创造一个现代税收的制度环境和文化环境,即使我们引进最好的制度,也会变成“无本之木”、“无源之水”,因无法生存而自行枯萎,或被占据主流地位的意识、习惯、潜规则之类的东西搞得“非驴非马”,两种情况都会使我们构建现代民主、法治社会的努力付之东流。

应该给“税”一个什么称呼?

对于“税”这个东西,同是中国人,称呼却不同。大陆叫“税收”,台湾叫“捐税”,还有叫“租税”的。应该说,这三个词都是历史流传下来的,基本意思没有什么区别。“税收”一词最迟在宋代已经出现,《资治通鉴》、《宋史》等可以证明。中国古代称田赋及各种征课为“租税”或“捐税”。古代史籍中常见“租税”二字合用,如《史记·平准书》:“天下已平,高祖乃令贾人不得衣丝乘车,重租税以困辱之。”至于“捐税”,则早在唐代就已经使用,如在吕温的《吕衡州集》中便可找到。

到底叫什么好?我跟台湾学者蔡茂寅先生在饭桌上探讨过这个问

题，他也觉得应该规范一下。但在现代社会我觉得就应该有个鉴别，因为这关系到汉语语言的规范和对税的本质概括是否准确。古汉语词典里说“收”，最初的意思是“拘捕”，以后演绎为“收取”、“征收”，因此，大陆的“税收”的“收”字，更多体现的是国家或政府的意志，强调的是税的强制性；而台湾的“捐税”的“捐”字则比较平和。《辞海》上“捐”是“捐助”之意，更多体现的是纳税一方的主动性，有“慷慨相助”的意思，但又缺了点强制性。同一事物用字不同，反映出海峡两岸税的观念和文化有某种区别。

从法理上说，税的征、纳双方是一种平等、互惠的关系，“税收”的“收”强调的只是国家这一头。我觉得这是没有正确理解税的性质的表现。既然“税”字已有了特指，“收”字就毫无必要。而且现实生活中人们都是说“你交税了吗”，而不会说“你交税收了吗”，从习惯上人们已经自动把“收”字给免除掉了。因此我建议只用“税”，去掉“收”字，起码在大陆应该选择这个名词。跟“法学”的称呼相近，我们就叫它“税学”，将来还可以发展出一个基本原理的学科——“税理学”。如果习惯于用两个字，那么可以考虑叫“赋税”。西周的时候就有“九赋”、“九式”之说——国家的九种收入来源对应着九种支出去向，有“专款专用”的意思在里面；《汉书·食货志》里“赋”和“税”还有明显的区别。清末以后，“赋税”合用得就比较多了，实际上是一切税课的统称，与现代“税收”同义，所以叫“赋税”比较中性一些，符合我们国家的传统文化。这个称呼一直没有在我们的文化生活中完全消失，说“赋税”不会有人听不懂，可以在当今社会上广泛推广使用。

为了照顾大家的习惯（当然也包括我自己的习惯），我在这篇文章里还是常用到“税收”这个词。

什么是“税”？它的概念应该怎么定义？

现在有关“税”的概念都含糊不明，或存在严重缺陷，应该为其“正名”。我们一直把税看作是物，或者是钱，财政学界就有个“价值分配论”。但实际上，这只是表象，它的背后是政治，是法律，是权力。一国政治的全部经济内容就是财政，而税收则是国家财政的核心内容。古今中外的统治者没有一个是把税收当作“纯粹的”经济问题来对待的。税的定义就要把这权力的来源讲清楚，而且这是我们一直含含糊糊而实际上又绝对不能含糊其辞的问题。

我国教科书上对税的定义一般这样表述：“国家或政府为满足社会公共需要，凭借政治权力，按法定标准强制、无偿地参与国民收入分配，取得财政收入的一种形式。”其他大同小异，不必一一列举。显然，这是一个偏重于强调国家凭借政治权力参与分配和“无偿性”、“强制性”等形式特征的定义，而未从宪法学的角度来正确表述政府征税权的来源和纳税人权利的实现过程，当然也就无法准确定位各税收主体之间权利、义务的关系，无法体现宪政民主对征税权的制衡和对纳税人权利保护的意义。也就是说，这是一个不值得赞许的定义，是个不合格的定义。问题是，这么一个定义却长期盘踞在我们的税收学教材中挥之不去。

征税，意味着纳税人部分财产权被政治权力所剥夺，只不过这是一种合法的剥夺。但这种“剥夺”的权力，并不是国家或政府“天然”就拥有的。在民主、法治的社会里，政府向公民提供公共产品和公共服务，公民向政府缴纳税收。而税收负担的高低则主要取决于政府所提供的公共服务的数量和质量。于是,国家与纳税人之间的关系,就很像是市场上的交易者,体现的是一种利益交换、平等互惠的关系。既然双方是一种平等的法律关系,如何征税也就不能只由政府自家说了算,而是必须事先取得另一方——纳税人的同意、许可。纳税人通过自己选出的代表,按照立法程序制定各项税收法律,除此之外的一切征收行为都是无效的和非法的,人民有权拒绝。

如果认为政府“天生”就有权自定税收章程,那就等于承认政府对纳税人的财产权拥有支配权,也就等于从根本上否定了宪法所规定的纳税人对“合法”的个人财产享有的所有权。这从道理上无论如何是讲不通的。为了达到纳税人决定和控制国家征税权的目的,国家就必须建立一套运转良好的选举制度,以保障纳税人的选举权和被选举权,保障纳税人的思想自由和言论自由,保障纳税人免于恐惧的自由,并把税收“授权”的权力永久性地留在议会或人民代表大会等公意机关手里。所谓“无代表则无税”,实质就是税收立法的“议会保留”。如此,国家征税的权力才是正当的、合法的。这是税收一个方面的含义。

税收另一方面的含义是讲纳税人义务。所谓“纳税人意识”,突出包含着公民自觉纳税的服从意识。政府要履行公共服务的职能就必须拥有一定的财源和配置这些资源的权力,这些资源只能由纳税人来提供。公民不纳税,就等于放弃了自己做公民的权力,就将不会有法律、和平和公共安全。“不服从公共权力的公民就是不服从自己”(雅克·皮埃尔·布里索特语)。不能设想,一个国家是由一批偷税者或旁观者组成的,有偷税行为的人也不可能正常行使公民的权利,不可能理直气壮地监督政府,于是民主也就会成为一句空话。所以,在民主、法治的社会里,公民是国家的主人,纳税人实际上是在给自己纳税。公民没有偷逃税的理由,更没有这个权利。

茅于轼先生前几年写过一篇《没有理由不纳税》的文章,他说“每个人要认识到,自己是国家的主人,也是政府的主人,要承担起公民的责任,这才会有公民的权力”。这种权利与义务的对应关系,是现代社会人民和政府关系的基础,而这种关系的建立正是从公民依法纳税这一点开始的。所以西方国家一直流传着一句话:人生在世,有两件事是天经地义、无可避免的,一是死亡,二就是纳税。日本税务征收机构用得最多的宣传口号是“偷逃税是国民共同的敌人”、“用你的税金建立美好的家园”。

所以,税收是一个义务与权利的统一体。权利是主动的,代表着利益;义务是受动的,代表着负担。一个社会的权利总量和义务总量大体上应该是相等的,它们相互依存,相互制约,没有无义务的权利,也没有无权利的义务。说句白话:拿了钱就得给人家干事。“拿钱”是权利,“干事”就是义务。不可计算、不可制约、不可监督,甚至不可过问的公民义务,在法治国家是无法容忍的。

通过以上分析,我们现在可以尝试对税收概念作以下的表述:

> 作为法律上的权利与义务主体的纳税人(公民),以享受宪法规定的各项权利为前提,以依从宪法而制定的税收法律为依据,履行纳税义务,以使国家具备为公民提供公共服务的能力的活动。

这样定义税收的概念的确有点繁琐，但它有益于正确指导我国税收立法和政策制定的过程以及税收的实践活动，有益于构建体现宪政精神的税收学体系。在此不妨提出来供大家讨论。

税收的“三性”成立吗?

几十年来，我国所有的教材上对税收的形式特征之描述都是一样的，这就是著名的税收“三性”——强制性、无偿性和固定性，包括我自己的著作也曾这样表述。税收“三性”产生于计划经济时期，那时候的体制，是大政府，小社会，财政是国民收入分配的“总枢纽”，国家财政收入的主体形式也不是税收，而是国营企业的利润上缴。那时候的财政指导思想是“国家分配论”，那时候没有真正的纳税人，也没有真正的税收。“三性”的提出，符合当时的制度需要和要求，是那个时代的产物。

但现在情况已经发生了巨大的变化，社会财富分配的形式已多样化，公民个人合法的财产权利已经明确受到法律的保护，纳税人权利保护的意识已经在民间苏醒，这时候再把“三性”作为税收的形式特征显然是不适宜的，也无法得到广大人民的认可。

税收“三性”看起来很不科学，也很不严谨。“强制性”是任何法律共有的因素，不只税法有强制性，其他法律也都有，如何能构成税收的特征呢？既然强制就可以征税，民主、协商和事先同意这些理念就被我们完全排斥掉了，不可能进入我们的税收学研究的视野，更不可能写进我们的教科书中。所谓“无偿性”更是荒唐。纳税人之所以愿意纳税，之所以必须纳税，是因为市场无论运行得多么正常和高效都无法生产出公共产品，市场在这个地方是"失灵"的。因此,人们才愿意出钱养活一个政府,才愿意降低自己的可支配收入向政府纳税,让它为社会提供公共服务,这是纳税人的整体利益决定的。不给纳税人以应得的报偿,那你征税干什么?还有那个"固定性"也不能成立,法律比起政策来,其特点就是具有相对固定的特征,这同样不能构成税法的基本特征。

"三性"的顽固存在,给我国税收领域造成相当大的危害。既然有强制性作"后盾",乱收税费、乱罚款、乱摊派也就不必跟交税者、交费者协商,凭借所掌管的权力就可以做到,其结果,就是我国各级政府迷信权力的现象普遍存在(大家叫它"官本位"),就是不合理的税收、收费和罚款行为屡禁不止,即使有中央的命令和纳税人的要求,也不可能得到及时的修正。这也就可以理解,为什么我国税费改革总是举步维艰。至于无偿性,不必细说了,"三性"中属这一"性"最没道理,它与我们这个时代已经完全格格不入,它的结果就是给我们制造出一个我们越来越养活不起也得罪不起的无限政府来。最后,那个固定性所起的作用就是把这一切不合理的事物"固定"下来,即使是不合理的制度或政策,也无法调整或改变。比如,目前主张取消工商部门收取管理费、年检费的呼声很高,但前景却很不乐观,部门的利益大于一切,众多的个体户、中小企业虽积极支持却又无可奈何。强势政府、弱势民众的格局任谁也无法改变,面对这么重要的、涉及千百万民众利益的大事,我们人民代表大会的代表们一片寂静无声,而多数学者竟也选择了当哑巴。

一个政府的存在,无论它有多么崇高或深远的理由,作为一个公共机构最基本最起码的功能其实是非常简单明确的,这就是"组织和执行公共产品的供给",包括产权保护、市场环境和秩序、基础设施、社会保障、国家安全等。提供好的公共服务是人类社会需要政府的理由,甚至是唯一的理由。

我在2002年即撰文对“三性”表示了怀疑,我的原话是:“宪政和市场经济制度下税收的形式特征,已经不再限于传统的‘三性’,起码应加上‘公共服务性’和‘互惠性’。”但这以后,虽然也有法学界的学者提出过不同意见,总的看,“三性”的地位并没有真正被撼动,至今仍盘踞在我国财政学和税收学专业的教科书里。这个“互惠性”现在看还需要进一步研讨,但“服务性”应该是成立的。因为别的法律不一定具有服务性,而税收是有的,而且是它最重要的特征。

让我感到高兴的是,最近周天勇先生也撰文提出对税收“三性”的看法。他说:“从学理上来说,建设和谐社会,建设现代公民社会,建设公共财政,需要将原来传统的社会主义税收学的所谓税收的强制性、无偿性和固定性,改为协商性、服务性和可调整性。这样,可以使政府在收税和收费时,与人民协商;将收取的税收,大部分用于公共服务,服务于人民;而对一些不合理的收税、收费和罚款,要进行清理和调整。”这说明越来越多的学者开始意识到这个问题。不过,天勇先生把税法的“法”的性质给淡化了,特别是“协商性”恐怕很难成为税法的特征。税法形成之前是可协商而且必须协商的,但在税法成立之后就不能再协商了。我们可以进行学术探讨,可以通过听证会、媒体报道等形式频繁地进行民意调查,但法律的执行应该是严肃认真的。至于“可调整性”,表面上看与法律的刚性原则相矛盾,但这也许构成税法的特征。到底应该把税收的形式特征归结为哪几“性”,是可以慢慢进行理论探讨的。

是"纳税人"还是"纳税义务人"?

我国《税收征收管理法》第四条规定:"法律、行政法规规定负有纳税义务的单位和个人为纳税人。"对纳税人的解释仅到这个层次是不够的。因为仅仅指出"纳税人"是税款的实际缴纳者,还远远没有把握"纳税人"的准确涵义。纳税人不仅履行税款缴纳义务，还必须享有权利。只有缴纳义务而没有享受相应的权利，那就只是个"税款的缴纳者",而不是"纳税人"。

在传统社会中,纳税人首先或只是一个义务主体,他无法与权力主体也就是国家对等地进行交流和谈判，更不可能对其进行监控和制约,而只能以卑微的心态祈求恩赐和宽容。

现代法治社会的重要特征在于对于"公权力"的制约。政府拥有权力、资源,但这权力和资源来自于人民的授权,而且这些权力也只是它履行公共服务职能的必要条件,即在人民授权的范围之内行使。政府征税,不是为了供养和伺奉权力,不是为了养活自己,更不能为所欲为。除了提供公共产品和公共服务,国家和政府没有其他存在的理由。

纳税人之所以同意纳税，并不是因为政府先天具有课税的权力,而是出于保护自身利益的需要。如果没有国家提供适当的公共产品,以解决市场失效所带来的问题,纳税人的个人利益就会受到损害。所以,纳税人愿意以牺牲自己的一部分财产为代价,支撑起整个国家权力体系。

这样,"出了钱"的纳税人就有充足的理由要求国家为自己提供高质量的服务,有权通过一定方式参与政治(如议会或人民代表大会),将治税权和预算权真正掌握在自己手中;有权要求政府所征之税只用于向社会提供公共服务和公共产品,不能用它来谋取自己的私利,更不能用它来制造公共祸害。

因此,在宪政制度和市场社会中,纳税人决不只是什么“纳税义务人”,而是真正的权利主体。纳税人必须跳出单纯与税款征收有关的身份意义,从一个政治人的角度为维护自己的权利而抗争,进而凭借自己的公民身份和公民才拥有的权利,即纳税人权利在政治上拓展自己的活动空间。

纳税人交的税是国家的,还是纳税人的?

常见一种说法,说“你不应该偷税,那部分钱本来就不属于你,那是国家的钱,你偷税就是偷国家的钱”。应该说这话代表了相当一部分民众和企业的想法,比如中国大杨企业集团董事局主席兼总裁李桂莲就这样说:“在我的脑海里从来就没有欠税的概念。因为税收是属于国家的,怎么可以去欠呢?”政府在进行纳税宣传时也有意无意地回避对这个问题的正确解释。这种说法其实是不对的。因为它从本质上把税收的合法性给排斥掉了,这样的认识丝毫也没有超出交“皇粮国税”的思想水平。

现代法治国家是建立在对私有财产权保护的基础上的,国家征税,就意味着国家对私有财产权的承认,一个非常浅显的道理是,既然产权是确定的,你在对私有财产进行征收之前就必须取得公民的理解和同意。如果一个税种在征收时未经或者无需经过财产主体的同意,等于政府对私有财产的处分可以为所欲为,这就意味着,政府想征多少税就可以征收多少,只要它愿意。

承认国家征税的"纳税人事先同意"原则,才有可能建立一种能够制约政府征税这个权力之手的制度,宪政民主对政府的限制首先就体现在对政府征税和用税的限制上。所谓宪法上的私有财产不受侵犯,首先就是私有财产不受来自于政府的非法税、非法费的侵犯。因为只有政府的征收才可能对私人财产权构成不可抵御的威胁。

这个问题不讲清楚,就变成了政府是在给自己收税,财政支出是政府用自己的钱,跟纳税人没什么关系,甚至无权说三道四,就会在理论上出现极大的误区,就像我们现在一样,把税收看作是国家单方面为了自身需要而对纳税人的无偿征收,就会强化人们对税收的厌恶心理,于是偷逃税变成为这样的社会里不可抑止的现象。

现在可以回答了:纳税人交的税是"谁的钱"?它本来就是纳税人的。征税之后,它的所有权也并没有发生转移,因为拥有对税收的处置权的从根本上说还是纳税人,纳税人通过人民代表大会最终决定着这笔钱的去向,监控着它的使用效果,它的用处归根到底是为纳税人服务。所以,如果一定要问"那是谁的钱",我说是纳税人的。

是"交税"还是"缴税"?

一般的回答是:"缴"在法律条文中用得多。依法必须"缴纳"的,就用"缴","缴税"比"交税"更规范。我感觉这个回答还不能令人满意。

查《辞海》,缴、交的意思非常接近,都是交纳、给付的意思。但"缴"总让我想起"缴枪不杀"来。"缴"带有一定的强制性,而"交",则显得更平等,也平和一些。而我在前面已反复强调,税收法律关系的双方本来应该是平等的。

在这个问题上,汉娜·阿伦特——就是那个犹太女思想家说的话也许对我们有启发。在阿伦特看来,法律的本质是对人的行为的指导而不是强制制裁。法律最好不要被概念化为命令,也不是对人民的行为方式的描述性陈述,而最好是看成为集体的契约。她打了个比方:一个规定要缴税的法律最好不要表达为“交税”,也不要表达为“交税在这里是惯例”,而应该表达为“我们已经达成契约在这个共同体里交税”。这里的关键词是“达成契约”。这意味着正在讨论的法律不再仅仅是一项提议,而是一个达成了的契约并因此具有权威的指导性;其次,公民已经同意这一法律,愿意支持这一法律并且“宣誓”服从和帮助执行这一法律。

比较而言,我主张“交税”,而不是“缴税”。

税收反映的是“权力关系”,还是“债务关系”?

这是两种完全对立的观念和理论,直接决定着一个国家税收立法和政策制定的基本理念、基本价值和基本原则,当然,依据不同的学说建立起来的税收政策也就肯定是完全不同的。

税收债法理论的核心是把国家和纳税人的关系定义为法律上的债权、债务关系。在抽象的税收阶段,国家对符合课税要素的纳税人,有请求其履行税收债务的权利,这时候国家是主体,是债权人;公民是义务主体,是债务人。这是这个事物的一个方面。另一方面,税收又不等同于私法上的债权,它是公法,因为债权人是国家、政府。所以,如果我们把税收阶段拉伸到整个财政收支过程来分析，就可以看出，国家提供公共产品又是公民对税收债务履行的对等支付，是一种付出以后的回报。这时候的国家就变成了义务主体、债务人，而公民（纳税人整体）就是公共产品的享有者，是权利主体、债权人。这就从另一个角度印证了国家与纳税人之间是一种互负给付义务和请求权利的平等关系。“权力关系说”强调的是税收的行政属性和政治地位的不平等性，而“债务关系说”强调的是财产关系的平等性和权利、义务的平衡关系。后者揭示了税收的本质，而且也只有它才是真正的税收本质。

遗憾的是，在中国人群中，除了一些学者，社会上的大部分人对税收是一种债权、债务关系可能听都没听说过。我和我的学生做过随机调查，情况的确如此。所以，我们一直秉承的税收理念还是传统的国家主体论、国家分配论，我们理解的税收的基本特制还是那个老“三性”，而这样的解释现在已经明显不能成为说服纳税人严守纳税义务的理由了，我们却一直还在坚持，新近出版的税收教材和专著几乎还是众口一词，将纳税人简单地等同于纳税义务人。

其实，早在1919年，德国就在《税法通则》里明确地提出了“税收之债”的概念，这以后，英国、法国、美国、瑞士、意大利、日本等国，还有后起的韩国、新加坡、我国的台湾地区等等，都先后接受了这个理论，并把它写进国家（或地区）的税法中。

把税收看作是一种债权债务关系，有助于改变我们的传统税收观念，有助于切实保障纳税人的合法权益。它的出现，将引起我们在税收立法、政策制定、税收实践以及税收理论研究和教学等几乎所有方面的根本性改变，甚至可以说是税收领域的一场思想革命。

税收债法理论照亮了我国税法改革前进的道路，剩下的，就看我们有没有勇气接受它、实践它了。就像鲜艳的花朵只有在土壤、空气、阳光和水的综合作用下才能美丽绽放一样，税收债法理论的移植和实践必须具备相应的条件。简单说，一是必须有完备的税收法律，二是法治化的社会环境。一个是法，一个是法治，缺一不可。可以说，税收债法理论毫不遮掩地表达着对宪政民主制度的渴望。我希望，我的国家离这个目标渐行渐近，而不是越来越远。

我国宪法在税收问题上有什么明显的欠缺？

近年来，我国公民的纳税人意识逐步觉醒。人们遇到政府征税或涉及公共事务的时候，已经不是完全的被动服从，而是首先想到"我是纳税人"，我有权"说不"，或者"发问"。这绝对不能视为社会的"乱象"，或者是对建立和谐社会的干扰，而是标志着我国市民社会的日渐成熟。一种新型的纳税人与政府之间的关系正在形成。

宪法的"法"是反映人民共同意志的民主立法，也是保障纳税人权利不受侵犯的自由之法。宪法所确认的正义、平等、人权等价值观，在各种税收专门法中得到充分和准确的体现，是一个新兴税收国家形成的标志。当今世界上，纳税人权利保护问题受到越来越广泛的关注。几乎所有倡导法治的国家，无论其发达程度、地理位置、社会制度、历史传统如何，都在宪法中设置了纳税人权利保护的内容，并在有关国家机构、权力分配、公民权利和义务的规定中对税收的法治性质做出明确的阐述，并几乎无一例外的将相关的权力赋予议会。可见，税收法定的精神在世界上大多数国家的宪法中都表现得淋漓尽致。

反观我国的宪法文本，只有一条关于税收的条文，即第五十六条："中华人民共和国公民有依照法律纳税的义务。"从形式上来讲，税收也算是进了宪法，但问题是它没有任何税收法定的内容，没有任何纳税人权利的规定，没有任何有关国家税收权力归属的内容，既没有规定纳税人的权利，也没有明确说明征税是否需要代议机关（人民代表大会）的同意。在税收这个涉及国家生死存亡和政府与公民关系的最重要问题上，国家的根本大法竟然是语焉不详，不能不说是一个极大的缺憾，并在税收实践中引发了诸多的问题。我们不能不承认，与税收立宪国家相比，我国只能算一个非常落后的国家。这就可以解释"底层"民众在面临纳税（包括"纳费"）的困境时，为什么很难寻找到相关的法律渠道来维护自己的利益；为什么一些地方行政权力可以肆意侵犯宪法权利，又用行政权力来对付滥用行政权力；为什么新出现的问题总是多于被解决的问题。当我们谈到解决诸如乱收费、乱罚款之类的社会问题时，是不是首先应该弄清楚，这里所涉及的究竟是行政权力到位不到位的问题，还是公民的宪法权利到位不到位的问题。

宪法存在明显欠缺，税收立法必然更加残缺不全。我国目前所开征的二十多个税种，经由全国人民代表大会立法的仅有三个，即《个人所得税法》、《外商投资企业和外国企业所得税法》以及《税收征管法》，而且我国的税收立法绝大多数都不符合宪政要求，也是违反《立法法》的，比如税收行政法规没有明确的授权，更不用说符合《立法法》所规定的授权要求了。

我认为，我国在不远的将来就税收问题再次修宪势在必行，而未来的修宪应以补充体现税收宪政精神的条款为特征，具体内容应集中在“纳税人的基本权利”、“税收立法权”、“税收委托立法权”、“税收要素”、“依法征税”等方面，而且应当把税收立宪的精神贯彻到《立法法》和正在拟定中的《税收基本法》(或称《税收通则》)中去。

纳税人必须拥有哪些基本权利，而这些权利我们具备多少？

有学生问我，怎能说我们国家的纳税人没有太多权利呢？有啊，《税收征管法》、《行政诉讼法》等法律中规定了纳税人的权利，条款数也不算少啊。是的，那里面规定了纳税人的延期申报权、延期缴纳税款权、申请减免权、申请退税权、要求保密权等等，的确都属于纳税人应得的权利。我把这些权利归纳了一下，共有十一项，还有纳税人的义务，共有九项。权利，确实存在。

但问题是，我们的法律、法规并没有规定出本质性的纳税人权利，所涉及的权利都是一些低层次的纳税人权利。纳税人的本质权利便是纳税人享受公共产品、公共服务的权利。所有的具体义务都是在这样一个本质权利下派生出来的。没有本质上的权利，具体的权利就没有意义。比如，纳税人必须依照法律规定缴纳税款，这项义务的规定是为了税收收入的实现，而税收收入实现的目的，则是为了政府具备为纳税人提供公共产品的能力。再比如，纳税人应当如实地向税务机关提供纳税信息，这也是为了方便征纳机关征纳税收，而其最终目的也是为了向纳税人提供公共产品。可以说，所有的纳税人义务的规定都是为了这样一种权利、义务逻辑而规定的。所有具体的权利都是在这项本质的纳税人权利下延伸出来的，比如受尊敬权是纳税人作为主体的应有之义——你不尊敬根本不可以，其他的，延期缴纳税款、委托税务代理人代为办理税务事宜等等，都是纳税人作为权利享有者的本来含义。

由纳税人的本质权利派生出的首先也不是各种具体权利，而是较高层次的纳税人基本权利。这里说的"基本权利"指的是征税的决策权和税款使用的监督权，也可表述为：纳税赞同权、代表选举权、税款支配权等，由于纳税人参与国家政治过程，纳税人的权利还可以扩展为财产权、平等权、言论自由权、结社权等。

可是我们的税法中这个逻辑关系并不清晰，没有说这些义务的规定就是为上面这些权利服务的。我们能说纳税人承担提供信息的义务是为自己的知情权服务的吗？我们能说安装、使用税控装置的义务是为自己的受尊敬权服务的吗？纳税人按照规定的期限办理纳税申报和报送纳税资料，也是一样的道理，即所有的具体权利都是纳税人公共产品享受权这项本质权利和基本权利的延伸，所有具体的纳税人义务都是为了实现纳税人公共产品享受权这项本质权利而规定。离开了纳税人的本质权利和基本权利，一切都无从谈起。我们永远也不要忘记这一点。

我国的《税收征管法》确实规定了一些纳税人权利，这是个进步，但现在有人用它们来证明我国纳税人权利已经到位，这不是正确的理解。那里面多是一些纳税人的具体权利，基本没有涉及纳税人的本质权利和基本权利，因而是不到位的纳税人权利、低层次的纳税人权利。

从这个层面上理解权利与义务的关系，权利是第一位的因素，义务是第二位的因素。税法是以纳税人权利为本位的，纳税人权利构成税收法律体系的核心。权利是纳税个体的自主性、独立性的表现，是国家创制税收法律规范的客观界限。纳税人权利是目的，义务是手段，义务的设置是为了纳税人权利的实现。中国传统社会制度的最大弊端，就是重义务、轻权利。受这种文化的影响，至今，中国人的权利观念仍然薄弱，某些政府机关或官员对民众“招之即来，挥之即去”的主子意识依然顽固不化。中国人至今所能理解的国家、政府与人民的关系，仍然是“亲民”、“爱民”，这不过是传统的官在上、民在下思想文化的反映，与我们对现代民主文明社会追求的权利本位观念相去甚远。

税收因公共产品的存在而产生。公共产品消费的非排他性和非竞争性使其没有办法由私人部门提供，而只能由政府提供，并由此形成纳税人与政府的“最原始”的也是最“基本”的关系：政府为公民提供必要的公共产品，纳税人把税收当作公共产品的对价，承担纳税的义务，目的是为了实现享受公共产品的权利。可见，纳税人与政府的关系，最初起因是纳税人对公共产品的需求，最终目的是实现纳税人享受公共产品、公共服务的权利。

如果政府不给予纳税人这个权利，拒绝跟纳税人就税收问题进行对等谈判，纳税人维护自己财产权的本能和欲望也不会因此而降低。谈判桌上办不到的事情，纳税人会“挪到”谈判桌下面去进行，那就是偷逃税收。一个纳税人权利缺乏的社会，一定是纳税人偷逃税现象极为严重的社会，而且偷税之风不可抑止。因此，只有一个办法，给纳税人以应得的权利。

我曾在《论税收的宪政精神》一文中将纳税人基本权归纳为十项。比如，所有的税收要素都必须由人民代表大会（议会）进行法律规定。在宪政制度下，所有的税收事项都因涉及人民利益或可能加重人民负担而成为立法事项；比如，税收立法机关必须依据宪法的授权制定相关的税收法律，并依据宪法保留专属自己的立法权力，任何其他主体（主要指政府）均不得与其分享立法权力，除非它愿意将一些具体和细微的问题授权给政府或其他机关立法，而这种授权也必须在宪法的框架之内进行，而且是具体化的。任何政府机关不得在行政法规中对税收要素等做出规定，也就是说，除税收立法机关正式立法外，一切政府文件、部委规章、法院判决、民间习俗都不算数。比如，政府征税所依据的法律，只能是人民行使权力的人民代表大会（议会）制定的法律，这意味着不允许存在任何超然于宪法、税收基本法和相关税收法律之上的权力，意味着任何人不得因违反宪法和税法之外的原因而受到法律的制裁；再比如，规定人民仅承担宪法和法律规定的纳税义务，有权拒绝这个范围之外的任何负担，等等（见《财政研究》2004年第5期）。

这些权利理应归于纳税人，如果现在这些权利让政府垄断着，那么就应当还给纳税人，不给不行。为了社会的长治久安，为了和谐社会的实现，政府只能委曲求全，没别的选择。

我们需要什么样的税收文化？

任何好的制度的背后都必须有个与之相适应的文化的支撑，现在中国的制度为什么是这个样子而不是那个样子，是因为我们有我们自己特有的文化，一种很难改变甚至不可改变的文化在起作用，当然，还有别人的文化的融合沟通。正如马克斯·韦伯在自己的名著《新教伦理与资本主义精神》一书中指出的，制度的发展与变迁在很大程度上是可以由某种文化原因来解释的，甚至完全取决于文化自身的理性程度。如果不认真培育政府、官员和公民的宪政民主意识，那么，即使引进最好的制度，到头来也会是竹篮子打水一场空。自然，税收也是如此，而且更是"如此"。我们这个民族，实在太缺乏现代税收的文化理念，太缺乏纳税人的权利意识，太缺乏公共财政精神了。

一个故事曾引起我的注意。1851年，就是道光皇帝"驾崩"的那一年，一个叫赫克(Huc)的外国人和几个朋友离京外出，在一家客栈饮茶时，遇到一群中国人。几个外国人想发起一场"小小的政治讨论"，他们针对皇位的继承问题提出了各种猜测，意在引导在场的中国人说出他们的看法。但是，那几个中国人对此无动于衷，继续吞云吐雾，大口饮茶。中国人的冷漠激怒了外国人，并表示了不满。这时，一个中国老者起身走过来，把双手放在赫克先生的肩上，冷笑着说："听我说，朋友，你为什么要让这些无聊徒劳的推测来劳心、费神呢？大臣们关心此事，他们拿的就是这份俸禄。让他们拿他们的俸禄去吧，可别让我们操这份心。我们一无所得，还要去关心政治，岂不成了天下最大的傻瓜？"

这位中国老者一语道出了中国传统社会的本质。所以在外国人眼中，中国人对国家政治和公共事务总是显得"极度冷漠"，而税收在中国人的心目中，从来就是洪水猛兽，唯恐避之不及。

今天中国的偷逃税之风就像肆虐的瘟疫，遍布大江南北，各行各业各色人等都被"卷"了进去，甚至到了"法不责众"的程度。在一个不够尊重纳税人权利甚至不知道纳税人权利为何物的社会，怎么可能造就出自觉守法的纳税人来？一方面是"收税是政府的事，纳税人无权说三道四"，另一方面是"你收你的税，跟我们有什么关系？"

最近某新闻机构组织了一次问卷调查，其中一个问题是：如果税务机关对你进行行政处罚，且处罚过重，你该怎么办？结果有百分之八十九点二六的纳税人选择找人说情，百分之八点四二的纳税人选择接受税务机关的处罚，只有百分之二点三二的纳税人选择运用法律维护自己的权利。另据最高人民法院行政审判庭的人士披露，近年查出的与税收法律不符的涉税案件和不当的税务处罚决定数以万计，但每年法院审理的税务行政案件占当年全国行政诉讼案件的比例却不到百分之二。在发达国家和大部分发展中国家中，这个比例一直是很高的，我国台湾地区高达百分之六十以上。当自己的权益受到非法税的侵害时，人们首先想到的是托门路找关系，却想不到应该用法律武器保护自己。

到目前为止，我国许多官员所能理解的政府与纳税人的关系，还是"支配"与"被支配"、"管理"与"被管理"的关系；我国纳税人所理解的税收，还是"皇粮国税"的水平。改革开放快三十年了，在这个问题上，我们的长进实在有限。哈耶克说："在税收这个领域，政府政策的专断趋势比其他领域更为凸显。"我们从消费税调整和最近的对二手房转让所得征收百分之二十的决策过程可以看出来，几乎都是政府自说自话，整个决策过程没纳税人什么事，只有听打招呼的份儿。就是此前的个人所得税的听证会，大家也都知道那是怎么回事。

国外的经验或许能促使我们反思自己的税收文化。SGATAR(亚洲税务管理与研究组织)的主干国家都非常注意政府在税收过程中的角色定位。他们认为，新型的税收征纳关系是以纳税人为中心，纳税服务的具体内容取决于纳税人的需求。他们非常注意加强对纳税人需求的调查分析，建立纳税人意愿的反映渠道，实现纳税人与税务部门的良性互动。比如在新加坡，企业被认为是经济增长的原动力，是社会财富的创造者，而政府不是企业的“家长”或“指挥官”。政府的基本职责是向纳税人提供良好的法律、高效的行政效率以维护市场的公平竞争，并提供包括硬件（物质）和软件（人力）在内的税收基础设施。美国更是一个非常有名的尊重纳税人权利的国家，制定有《纳税人权利法案》，在官方和民间建立了发达的纳税服务网络。所谓“民间”，是指独立于官方税务机构专为纳税人提供帮助的“纳税人援助服务处”（Taxpayer Advocate Service），在每个州和报税中心都设有办公机构，其主要职责是维护纳税人和协助纳税人解决纳税过程遇到的困难，这就使大部分税收问题都能得到较为公正和及时的解决。

我们必须意识到，纳税人的权利、纳税人的精神、纳税人的原则，早晚会植根于我们的社会中和每一个公民的心灵中，并且将再也不会因为我们转过脸去而消失，唯一的选择是正视它，对它做出正确的解释。公民承担纳税义务以享受宪法规定的各项权利为前提，任何单方面要求公民强制承担纳税义务的行为，都是不正义、不合法的。更重要的是，纳税不单单是一种向国家尽义务的过程，更是法律对公民作为这个国家主人的身份的确认；与义务相对的不只是权利，还融合着纳税人的责任、使命、尊严和荣誉。

我们，每一个共和国的公民，都不应该忘记一件你生活中最重要的事情：那些政府机关大楼坐着的每一个或勤勉或懒惰、或温和或冷淡的官员，从根本上说，是你用你的辛勤劳作和血汗换取的财富支撑着的、养活着的，而不是相反。我们应该在自己的脑子里深深地刻印下这样的观念，并且要把这种税收观念或者说文化告诉每一位中国人：

只有人民才是税收的最终受益者；

只有人民授权才是国家征税唯一的合法性源泉；

只有承认、尊重和保护纳税人基本权利的税收才是值得人们尊敬和遵从的税收；

只有征税方与纳税方之间拥有互信和共契(solidarity)的税收才是纳税人所需要的税收；

只有在正义的(平等、公平、中性、效率)、法治的、人性的税收之下，公民才会自觉地承担起纳税的义务；

只有公开、透明，能够接受纳税人监督和控制的税收才具有可靠的和持久的生命力；

只有真正体现纳税人的意志、切实用于提高每个公民生活福利的税收才是好税收。

我们，共和国的公民，能接受和树立起这样的税收观念吗，能大声地发出自己作为国家主人的声音吗？

（**李炜光** 文，原载《书屋》2006年第12期）

也谈税收

李炜光教授的《写给中国的纳税人》一文诚如《书屋》的编辑絮语所言，系发愤之所为作，情绪激昂，见解独到。笔者浅陋，有一些想法，求教于方家。

税收的“三性”

读了李炜光教授的文章后，笔者翻了翻书，查着几条外国对税收的定义，不嫌繁琐，罗列如下：

1.英国《新大英百科全书》定义：“在现代经济中，税收是国家公共收入最重要的来源。税收是强制的和固定的征收；它通常被认为是政府公共收入的捐献，用以满足政府开支的需要，而并不表明是为了某一特定的目的。税收是无偿的，它不是通过交换来取得。这一点与政府的其他收入大不相同,如出售公共财产或发行公债等等。税收总是为了全体纳税人的福利而征收,每一纳税人在不受任何利益支配的情况下承担了纳税义务。”

2.美国的《现代经济学词典》定义:“税收的作用在于为了应付政府开支的需要而筹集稳定的财政资金。税收具有强制性,它可以直接向居民或公司征收。”《美国经济学词典》则认为,“税收是居民个人、公共机构和团体向政府强制转让的货币(偶尔也采取实物或劳务的形式)。它的征收对象是财产、收入或资本收益,也可以来自附加价格或大宗的畅销货”。

3.日本的《现代经济学辞典》定义:“税收是国家或地方公共团体为筹集满足社会共同需要的资金,而按照法律的规定,以货币的形式对私人的一种强制性课征。因此,税收与其他公共收入形式相比,具有以下几个特征:(1)税收是依据课税权进行的,它具有强制的、权力课征的性质;(2)税收是一种不存在直接返还性的特殊课征;(3) 税收以取得公共收入为主要目的,调节经济为次要目的;(4)税收的负担应与国民的承受能力相适应;(5)税收一般以货币形式课征。”

这些定义与李教授所言的我国教科书上对税收的定义基本相同。定义里也清楚地认定了税收的特征是强制性、无偿性、固定性,且这些国家应该都是市场经济国家。所以认为“税收三性产生于计划经济时期,那时候的体制,是大政府,小社会……三性的提出,符合当时的制度需要和要求,是那个时代的产物”这个说法恐难以站住脚。

另一方面,李文对“三性”的论述也有偏颇之处,如认为强制性是任何法律共有的因素,不只税法有强制性,其他法律也有。我们讲法的特征是强制性,是从法理上讲的,并不意味着各门法的特征都是强制性,像民法的特征,我就没见过哪个教材上讲它的特征是强制性。关于无偿性,李文讲到“不给纳税人以应得的报偿，那你征税干什么？”《大日本百科事典》中对这一问题是这样解释的：“尽管税收是公共收入的一种形式，但它并不像手续费那样具有直接的交换关系，它是无偿的。尽管当税收收入为公共支出以后又返还给国民，但是每一个纳税人受益的大小与其纳税额并不成比例。”最后，李文讲固定性，是用法律与政策相比，具有固定性。而税法的固定性是指课税对象、课税额度和课额方法的固定性。而现实生活中存在乱收费、乱罚款及乱摊派并不能说税法的特征不是固定性，而恰恰是违反了税法的固定性这一特征。所以固定性不仅是税法的一个特征，而且是当前更应该着力解决的问题。李教授讲的服务性，确实很有道理，它与税收宣传中的“取之于民，用之于民”是相契的。

而且，即便是引入“债务关系说”，纳税人与国家的关系仍然不同于民法的合同关系，如纳税人不纳税，国家仍然是以强制力征收，对纳税数额有异议，仍然要通过税务复议等形式来解决等等。

法律与权利意识，沉重的话题

如李教授所言，我国现行税制中有二十四个税种，确实只有《外商投资企业和外国企业所得税法》、《个人所得税法》、《税收征收管理法》是税收法律，其余的都是依照授权立法进行的。1984 年 9 月 1 日，全国人大常委会授权国务院改革工商税制和发布有关税收条例。1985 年，全国人大授权国务院在经济体制改革和对外开放方面可以制定暂行的规定或者条例。根据两次的授权立法，国务院从 1994 年 1 月 1 日起实施工商税制改革，制定实施了增值税、营业税、消费税、资源税、土地增值税、企业所得税等六个暂行条例。授权立法在一定程度上解决了我国经济体制改革和对外开放工作亟须法律保障的当务之急。但也应该看到,从1994年的工商税制改革到现在,已有十二年的历程,《立法法》的施行也有六年半了。这些税收暂行条例还没有按照《立法法》的要求,尽快制定成法律加以固定,而且立法的呼声也不高,确实说明了立法者与纳税人对这一问题的漠视,我想这也是李教授写这篇文章的良苦用心。

我十分赞同李教授的观念,针对目前存在的诸多税收方面的问题,如果不在提高公民权利上下功夫,不提高公民的权利意识,即便是立法完善、制度落实,在税收方面仍然会存在很大的问题。其实不光是在税收方面,我们的宪政理念和观念存在太多的问题,现在大家的关注点大多在刑事法律方面,而在行政法律方面,可能比起刑事法律来更是有过之而无不及。

德国法学家耶林写过一本名著,名字叫《为权利而斗争》。这是一个公民对法治世界的呼唤,而中国的广大纳税人,我想他们更关心的是税负的高低,而不是税收的公平;他们更津津乐道于自己的依法纳税,而很少考虑政府是怎样使用税款的,有没有挥霍浪费;他们即使对税收有这种那样的想法,也很少表达,因为在一个传统上国家大于个人的社会,对自己所交税款说三道四是不明智的。

所以,在当下,更好地解决税收问题的责任仍然在政府,李教授的文章与其说是写给纳税人的,不如说是写给政府的。公民(纳税人)要通过对权利的诉求引发政府的互动,促使政府职能向服务性的进一步转变。让我们再回味一下亚当·斯密在《国富论》中提出的税收四原则吧。“一切公民,都须在可能的范围内,按照各自能力的比例,即按照各自在国家保护下享得收入的比例，缴纳国赋，以维持政府”;“各公民应当完纳的赋税,必须是确定的,不得随意。完纳的日期、完纳的方法、完纳的数额,都应当让一切纳税人及其他人了解得十分清楚明白”;“各种赋税完纳的日期以及完纳的方法,须予纳税人以最大的便利”;“一切赋税的征收,须设法使人民所付出的,尽可能等于国家所得的收入”。

（程　强　文,原载《书屋》2007 年第 3 期）

税收"三性"再认识

——对《也谈税收》一文的回应

程强先生在《书屋》2007年第3期发表《也谈税收》一文(下简称"也谈"),对拙作《写给中国的纳税人》(《书屋》2006年第12期)作了中肯的批评,思路清晰,语言平和周密,给人以启迪,但"也谈"对税收"三性"问题所阐释的观点却不能为本人完全接受,理由是:

第一,关于税收"无偿性"问题,"也谈"以《大日本百科事典》中的一个辞条证明"无偿性"的存在,而我的看法是,"无偿性"只是征税过程中的一种表面现象,并不是税收的本质特征。在《物权法》即将实施、市场经济体制逐步形成、公民利益多元化的今天,最应该强调的恰恰是税收的"有偿性"。日本人的看法未必就正确,而我的观点未必有错。

我们知道,政府对赋税的取得,从来都是

用“征收”一词来表述的。征收，是一种对所有权的强制性剥夺，也就是说，是国家强制性地将个体财产收为国有，由国家取得该财产的所有权。因此，征收虽然是一种行政行为，但引发的是一种民事法律的后果，这就是财产所有权的权属变更。法学界的郭明瑞先生最近撰文谈到这个问题，他认为，从民事效果上说，征收有两个显著的特征：其一为强制性，即不论所有人是否愿意，必须按照法律规定将其财产的所有权让渡给国家；其二是有偿性，即国家须向被征收者（郭先生在这里用词为‘财产所有人’，我认为不妥，因为被征收后财产所有权已发生变更）支付对价，而不是无偿地将财产收为己有。如果国家是无偿地将他人的财产收归自己所有，就不属于征收，而是属于“没收”了。无论如何，我们不能说税收是国家“没收”而来的吧？

在法治国家里，公民个人依法享有对其财产的占有、使用、转让、收益和处分的权利，任何人，包括国家不得非法限制、剥夺之，这就是私权神圣的基本原则。为了公共利益的需要，政府可以而且应当征收赋税，但必须事先征得财产所有者的同意，经过征、纳双方的法定的“谈判”过程（一般以代议制的形式进行），由纳税人的代表“授权”给政府，这样的赋税才是合法的征收，才能得到纳税人的尊重和自觉遵从。而未经财产所有者同意的征收，则不能被认为是赋税，而是凭借国家强权对私有财产的强制“没收”，从理论上说，政府想征多少税就征多少，不存在任何实质性的障碍。因此，私人财产权在国家税收之先、征税之前须取得纳税人的认可，这是国家税收与收取“保护费”最大的区别所在，整个理论假设，怎能容许“无偿性”的存在？

现代税收与传统税收最大的不同在于，传统税收只是政府手里强制获取财政收入的工具而已，而现代新型税收则有双重含义：从政府的角度说，是提供公共产品和公共服务所必须支付的成本；从纳税人的角度说，它是购买公共产品和公共服务的所必须支付的费用。实际上，纳税人纳税就是在向政府购买公共产品，就像在商场买东西，一手交钱、一手交“货”，公平合理。如果国家通过征收而获得利益，却不付出相应的对价补偿被征收者的损失，就属于“不当得利”了。

从本质上说，税收的确具有强制性，体现为对个体财产权自由行使的限制，但这种强制性权力的来源正是它的有偿性，体现为赋税的征收不是对被征收者利益的剥夺。税收的征、纳关系，本质上是一种市场经济条件下的契约关系，是一种完全平等的关系，是无可取代的资源有偿配置关系，而无偿性征收只是它的表象。其中的道理，正如法国杰出的启蒙思想家孟德斯鸠所说：“国家的收入是每个公民所付出的自己财产的一部分，以确保他所余的财产的安全或快乐地享用这些财产。”马克思亦曾说过：“从一个处于私人地位的生产者身上扣除的一切，又会直接或间接地用来为处于私人地位的生产者谋福利。”举个例子说，博物馆和历史遗迹，是典型的公共产品，既然公众已然纳税，这些场所就应当向人们免费开放。这是纳税人理所应当享受的权利。当然，为了弥补经费的不足，适当收取一些费用也未尝不可，但一是不可收费太高，二是所收费用必须严格使用于限定的用途之上，绝不可以一方面接受政府的预算拨款，另一方面毫无道理地收取高额费用，否则，就构成了纳税人的双重负担。

税收有偿性的原理还告诉我们，政府对纳税人的“返还”是否“一对一”(即交多少税得到多少公共服务)并不重要，政府的服务针对的是所有的纳税人，追求的是资源配置的公平、公正和正义。平等不等于绝对平均，只要总体上求得大体相当即是较为理想的状态。凡是用纳税人的钱建立的机构和设施必须让所有的纳税人共享，不管是一年交了一百万还是只交了几元钱，都应当享受同样的待遇。必须树立这样的观念：政府所花的每一分钱都是纳税人交的税金，怎样做才能向纳税人交代得过去，是政府安排支出的时候必须首先考量的因素。预算支出项目在人民代表大会辩论通过的时候，代表们不仅要向公众解释这些项目对国家有什么好处，更重要的是要让公众信服它们对纳税人有什么好处，特别是对民间经济的发展有什么好处，否则就是本末倒置。

不只是政府，所有公营的事业机构都必须以此为标准。只要你用的是纳税人的钱，那么你的成果就应该让所有的纳税人共同分享。比如，公立学校是政府投资建设的，这些学校的图书馆、计算机、艺术展览等就必须向所有公民开放，任何人不得通过这些设施和设备牟取私利。私立学校是用私人的金钱建立的，可以不向社会公众开放，但如果私立学校中有一项专利申请得到了政府的资助，那么这个专项就必须向社会公众开放。大学里的博士研究如果接受了政府的资助，论文或发明成果就属于纳税人，如果有人拿它去申请专利据为已有，就应该属于是非法占有公共资源。

“无偿性”长期盘踞我国税收基本理论中所造成的后果相当不妙。它片面强调国家（政府）的政治职能，赋予政府征税以至高无上的权威，把税收等同于公民屈从于国家意志的产物，却忽视了政府所必须承担的最重要的职能——公共产品和公共服务，忽视了公民在税收关系上的主体地位和纳税人的权利问题。这种理论上的偏颇已经在实践中造成不良的后果，成为纳税人长期处于被动、卑微地位和社会上普遍存在“税收反感”心理的根本原因。遗憾的是,在我国财政税收领域,除了少数政治学和法学的研究者(包括网民),无论是学者还是社会公众,没有几人能真正明白和重视这个道理,反映出在我们这个缺乏启蒙的社会中构建现代税收制度和税收文化的艰难程度。

西方发达国家没有必要在其税收理论中再次伸张这些现代税收的前提条件,因为“风能进、雨能进,国王不能进”的私有财产保护的法律制度和私有财产在税收之先的赋税制度在他们那里早就建立起来了,强调税收的什么“性”对他们来说都是自然而合理的。但是别忘了,他们是“站在二楼看风景”(夏勇语),而我国现代税收制度大厦连一层的基础工程尚未竣工。人家不提是不需要再提。

第二,关于民法有无“强制性”的问题,“也谈”的看法是,法的强制性“是从法理上讲的,并不意味着各门法的特征都是强制性的,像民法的特征,我就没见过哪个教材上讲它的特征是强制性”。以我十分有限的法学知识,感觉这个观点尚缺乏说服力,至少我们不能反过来说,法理学中对法的特征的归纳不适用于民法。

法理学主要是研究法的一般原理、基本法律原则、概念和制度运行机制的学问,也就是说,它应该研究所有法律制度中的一般问题,对每一法学学科中带有共性和根本性的问题做一种横断面的考察。如果理解没有错误,这里面应当包括民法。民法也是用来调整那些与法律制度有关联的社会生活关系的法律,一种必须遵行的规则,在这一点上,民法与其他法律制度应当没有根本的区别。换句话说,如果与法律无关,仅属于道德规范,就不需要法律的调整了。

法理学中有个“法律责任”的概念,是指行为人由于违法行为、违约行为或者由于法律规定而应承受的某种不利的法律后果。与道义责任或其他社会责任相比,法律责任的特点是,承担法律责任的最终依据是法律,其履行由国家强制力保证。离开了强制性,法律就失去了权威。这应当是一条适应所有法律的基本特征。法律责任包括刑事责任、民事责任、行政责任、违宪责任以及国家赔偿责任等。其中的民事责任理论可以帮助我们理解民法有无强制性的问题。民事责任,指由于违反民事法律、违约或者由于民法规定所应承担的一种法律责任。由民事责任可引出民事制裁。这是由法院所确定并实施的、对民事责任主体给予的强制性惩罚措施。在法律允许的条件下,多数民事责任可以由当事人协商解决,但也执行惩罚的功能,具有惩罚的内容,如违约金本身就含有惩罚的意思。当然,民事制裁终究与刑事制裁不同,其目的虽然也是预防和制裁违法,但其功能主要在于救济当事人的权利,赔偿或补偿当事人的财产损失。

正因为民法的强制性与刑法等法相比表现得不那么明显，相对较“弱”,容易让人感觉它不具有强制性,但这其实是一种错觉。民法也是“法”,其核心内容仍是规则意识和规则权威。当民法与其他法律内化为国家文化和国民素质的时候，一个国家的法治基础就形成了。当然，上述对民法强制性的解释未必准确，期待着程强先生及其他学者的进一步指教。

税法与其他法律一样,具有鲜明的强制性特征,但必须明确,这种权力不能理解为赤裸裸的暴力强迫的属性，还必须具有道德上的正当性。也就是说,国家运用强制力来强迫人们纳税,必须具有正当与合法的基础。首先,税法来源于《宪法》,从根本上说,来源于全体纳税人的集体授权,这当然是按照法定程序通过议会表决的形式来进行的;其次，税法来源于国家理性和国家存在的依据。例如，国家征税不得为非，不得横征暴敛，不得侵害公民的财产权利及其他法定的利益，等等，这是税收合法性的前提条件。

第三，对税收“固定性”问题，我没有更多要解释的，这也是个“前提条件”的问题。如果税外各种名目的征费本身就是缺乏合法性和合理性的，那么，它们恰恰是不能“固定”的，或者说，是纳税人应当“违反”的。因为把这些的“税收”固定下来，任何人都很容易预见到它的后果是什么。当一个政府的税收行为还不透明的时候，当纳税主要还是公民单方面义务的时候，当纳税人还难以行使政府用税监督权的时候，当税收制度的设置还是政府“自说自话”、自定章程的时候，我反对把那些制度之外的收费“固定”下来的任何企图，反对过分强调税收的强制性，甚至反对新增任何税收，不管经济学家们鼓吹得多么天花乱坠，都反对。

还需说明一点，据我了解，我国教科书上所阐述的税收“三性”，最初是在上个世纪五十年代归纳提出的，在年代上，属于计划经济时期的产物。那是个不需要确认公民财产权在先原则和不必在法律上明确区分“征收”与“没收”的时代：国有经济占据绝对主导地位，职工个人几乎没有私有财产，生老病死，完全依附于所在单位。在这样的制度下，政府对个人几乎没有征收，而政府对企业征收什么、征收多少，怎样征收，还有对企业投入多少、如何投入等等，完全是由政府自己说了算，企业和个人完全处于被动“听喝”的地位，没有任何权利可言。当时政府对企业实行的是利润全额上缴的分配制度，如今天的朝鲜，仍在实行这样的制度。就这种体制而言，“税收三性的提出，符合当时的制度需要和要求”的说法，应无大错。

“税收三性”问题在学术界已争议多年，至今仍无定论，但有一点应该是明确的：现在已是经济成分多元化的市场社会，政府与企业、单位和个人之间的关系已然发生根本性的变化，企业不再依附于政府，个人不再依附于单位，“臣民” 逐步转化为具有独立人格的现代社会的公民，并将通过选举产生的代议制机构履行决策和监督的职能。我们对“税收三性”问题的再探讨，其视角只有锁定在这个方向上，才可能寻找到正确的答案，才能使我国税收理论的发展跟上时代发展的步伐。

程强先生说：“在当下，更好地解决税收问题的责任仍然在政府，李教授的文章与其说是写给纳税人的，不如说是写给政府的。”诚如先生所言，现实的中国，无论纳税人意识的形成(这不能认为是纳税人自己的事情)还是现代税制的构建，最大的障碍其实都不在民间，而是在政府自己。程强，知音也。

（**李炜光** 文，原载《书屋》2007 年第 5 期）

预算的人民性

预算涉及政治民主、国民福利、法治化及良好的公共治理，可为社会公众对政府收支活动进行约束和控制，提高政府财政活动的绩效，增强政府的合法性和可信度。所以，在现代国家里，预算的人民性与预算的公共性是同义的。可惜，这样一个与国家治理的理念、能力和水平密切相关的施政工具，却是我国以往的制度改革和转型多有忽略的领域。

在现代国家建设的历史上，各国几乎都以预算改革作为突破口，中国应该也不例外。2008 之后的五年左右时间内，将是我国财政体制改革的关键时期，而涉及领域最为广泛的预算制度改革，定将是这一轮改革的重头戏。

联结政府与人民的纽带

一个国家的政府与它的人民总是要通过某种方式联结起来,其最重要的"联结点",就是预算。我们从一个国家收钱、分钱和花钱的方式,就可以清晰地看出它的基本制度的性质和它做事的方式,也可以看出这个国家的政府与人民之间的关系如何。

在民主法治的社会里，政府所做的一切都要对公民负责，这是因为，这样的社会之所以需要一个政府，唯一的理由是它能够提供私人部门难以提供而社会又须臾不可缺少的公共服务。政府提供公共服务所需的资源来自于公民交纳的赋税，而赋税是一种以国家暴力为依托的财政分配关系，这就使得政府与公民之间既有可能良好合作，也隐含着某种对抗的潜在的可能性。如果政府施政不当，不能造福于民，这种潜在的对抗就有可能转化为现实对抗。因此，即使只是作为对纳税人慷慨奉献的回报，政府也应该承担起向人民提供良好公共服务的责任来。

就造福或侵害公民权利的潜在能力而言，预算权丝毫不逊色于课税权。无论历史上或现实中，我们都不难找到这样的例子，一个国家可能有很高的财政收入汲取能力，但是它的合理配置财政资源、有效解决社会问题、提高国民福利方面的能力和表现却很差劲。其原因,可以归结为在制度上缺乏一个赋税征收和使用的"刹车装置",统治者想征多少税都可以做到,想安排多少财政资源用于自身耗费也都可以轻易做到,无人可挡。对于一个社会来说,缺乏预算控制和约束的政府是不安全的、危险的政府，这样一个政府，对公共利益和公民权利可以随时随地构成潜在的和现实的威胁。

那么，如何才能让政府自觉地或被迫地将其所征集的财政资源用于提供公共服务，而不是其他方面呢？现代预算制度给出的答案是分权制衡，即政府与人民共同分享公权力的最核心的部分——预算权：预算的决定权归人民选举产生的议会，政府只有在获得议会的批准后并完成授权程序后，才可以获得预算的治理权。议会有权要求政府按年度申报预算，并对之进行严格的审查；预算执行的全过程要处于立法机关的严格监控之下，预算的执行结果亦由立法机关作出审计和评估。而公民则通过选票和舆论等手段，参与预算的审议制订，监督预算执行，质询、纠正预算的违规行为，以保证获得自己纳税后所期待的公共服务。总之，是社会公众在决定着政府预算，而不是相反。

一个受到制度约束的统治者，其课税权只能来自人民的授予，且只能用于改善国民福利，而不能用来为自己谋福利。现代预算的作用，就是给国家的预算体制上装上一个"刹车装置"，用来防止司法部门和官员独断专权，黑箱作业，贪赃枉法，以权谋私，侵犯公众权益。由此，"人民的钱袋子"被牢牢地看紧，强大无比的政府被关进了"笼子"，自行其是、变成"利维坦"的可能性就大大降低了。这就是现代预算的精神实质。如果制度上没有权力制衡和制约，没有民主选举和新闻监督，听任政府机关无限扩展权力，专横跋扈，必将导致社会财富的分配不公和财政腐败现象愈演愈烈，最终会失去人民的支持，危及政府的合法性。

须在法治的轨道上运行

在一般情况下，预算是公共部门唯一有能力对公共利益造成全面、持久和系统的损害的因素，而预算法，则是国家立法机关用来控制和监督政府，将其约束在法治的轨道上使其不过分偏离最广泛的公共利益的一整套重要的规则。就限制和约束政府的意义上说，除宪法外，很少有哪一部法律堪与预算法相提并论。

对一个社会来说，缺乏法治的预算运作，其代价肯定是巨大的，会导致大量稀缺的公共资源被用于对公共利益意义无多的领域，或用于仅为少数人服务而不是普惠于每一个公民的领域，特别是社会的弱势人群更是被排除在外。大量事实表明，中国现行的预算法无力阻止这些现象的发生。

由于预算法缺乏问责和纠错机制的设置，预算常常只是个摆设，政府该怎么收钱还是怎么收钱，根本不会受到预算的约束，由此，我国预算十几年来持续性地以年均百分之十八以上的高速度巨额超收，预算偏离度经常高得离谱；也是由于预算法缺乏问责和纠错机制的设置，我国预算"只讲投入，不管产出"的现象长期存在，近年来更有愈演愈烈的趋势。公民对政府怎么要钱、怎么花钱几乎完全没有发言权，更无能力左右。即使造成重大损失，也无人为之负责。于是，政府及其官员上下都在拼命敛钱、拼命要钱、拼命花钱。所以，中国预算问题的根子，就在于用钱的人用着别人的钱却可以不受约束、监督和制裁，而钱被别人用的人（纳税人）则无权决定和追究自己的钱的使用，无力维护自己的权益。

预算既然涉及最广泛的公共利益,因而也就必须在法治的框架下运作。议会通过的预算就是法律,或者说是具有法律效力的文件,违背预算就是违法。任何人,包括国家元首和政府首脑,不管职位有多高,权势有多大,只要他违背预算法行事,就要受到法律追究和制裁。因为,在公共利益问题上,如果连预算法都不能发挥公正和法治的作用,也就不必再指望会有别的什么法律能发挥类似的功能。

我国现行预算法是从1995年开始施行的,至今已十三年没有修订,明显不再适应经济社会发展的需要。实际上,这部预算法之"老",并不在于它的条款多么陈旧过时,而是民主法治的精神、约束政府的宪政理念未能浸润于其中,过多的未经界定的财政支配权力被赋予了行政部门以至官员本人。多年来,大量非规范财政行为游离于监控之外,违规现象绵延不绝甚至愈演愈烈,巨量的纳税人无偿提供的"血汗钱"被肆无忌惮地滥用,或被毫无顾忌地挪用,其所造成的资源损失无可计数,都与公民及国家立法机关几乎完全失去对预算的控制与监督能力,有着直接的关系。

我国宪法明确规定,人民通过普遍的民主选举产生自己的代表,组成各级人民代表大会行使国家权力。国家行政机关、审判机关、检察机关由人大产生,对人大负责,受人大监督。问题在于,究竟应该怎么负责?具体的调查与质询制度、问责和纠错的程序在哪里?质询权、个案调查权虽有规定却很少启动,罢免权一般只是用在贪官身上,起码的预算专家咨询机构则根本没影儿。面对强势的政府官员,多数"无权无势"的人大代表根本就不知道自己该问些什么和怎么问,究其原因,就在于预算法的缺位。我们没有一套完备的预算报告制度、预算监控制度以及预算听证制度，这不是一般性的问题，而是严重的制度缺漏。

预算法的修订应该是一个开放性的而不是封闭性的系统，应该有诚意和有能力吸纳每一个公民参与政府的预算的制定和修正过程，为此而设置规范的预算听证制度显然是不可或缺的。把法治精神和良好的治理观念融入预算法的修订过程中，以法律的语言和力量建立起对政府的外部约束和政府的自我约束，这才是我们真正需要的预算法。

透明度和公开性绝非可有可无

现代法治观认为，法治的目的在于约束政府，但这并非法治的唯一目的，另一个同等重要的问题是保障公民的权利。由于公民权利几乎所有的重要方面都与预算密切相关，预算就必须确保财政预算的权利掌握在人民的手里，保障公民对政府财政收入和支出的知情权、过问权、追究权和监督权。不幸的是，长期以来，这些极为重要的权利并没有引起人们的普遍重视，包括政府官员，也包括公民自己。

预算缺乏透明度，是指某些掌握公权力的人故意限制人们获取正确而全面的信息，或者提供的是虚假信息、质量不高的信息。在民主政体下，了解政府在做什么和为什么这样做，属于公民的基本知情权，这种权利必须得到政府的尊重。因为由公众付费而由政府官员凭借公权力收集的信息，理应归公众所有。一个官员基于私利而隐瞒、侵占公共信息，与私吞公共财产没什么两样，都是对公民权利的公然冒犯，决不能被允许和纵容。

预算的公开性，我理解是要把预算置于阳光下，让全体公民“品头论足”。建立责任政府的首要标志是财政问责的有无,即人们对政府为什么要“这样支出财政资金”以及“这样支出带来了什么样的结果和好处”提出疑问;作为被授予财政资金支配权的政府须如实作答,若发生错误则须依照法律规定和法定程序予以纠正。如果缺少财政问责,政治问责就是空的,民主法治也就是空的,没有实质性内容。

预算过程中的公民参与,有助于纳税人权利意识的增强,进而推动整个社会向民主法制方向的转型;有助于减少腐败,因为众目睽睽之下黑暗现象必然减少;对社会的弱势人群极为有利,因为在非民主体制下,他们经常被排斥在决策过程之外。公众参与还能有效弥补政府治理能力的不足。公众中汇集着各行各业的专家学者和精英人才,蕴藏着无穷无尽的智慧和能力,解决公共问题较之政府具有独特的优势。此外,在现代社会各种社会矛盾纷繁复杂的背景下,公民参与也有助于缓解民间对政府的不满情绪,等等。

因此,政府需要加快自身的理念更新和制度改革,确保民众和社会各界对公共财政事务的广泛参与,确保公民对于公共支出的知情权、发言权和监督权。从中央到地方各级政府,都应当向人大和公众及时公布本级政府的年度预算和财务报告。

目前,我国的财政信息是以统计资料的形式向社会发布的,难以体现向纳税人报告和认真负责的诚意;我国也没有政府会计和财务报告标准,更没有民意调研方面的法律、法规。人大和政府的有关部门应着手制定相关的法律标准,包括反映政府财务状况的资产负债表、财务报表和统计报表的类别和格式等,经全国人大审议施行。无论是预算还是政府财务报告,都必须体现出“归一性”,即涵盖政府的全部财政收支活动,不能有预算或财务报告之外的财政收支行为存在，不能让人大代表们不明就里地“审查”一本残缺不整的糊涂账；预算或财务报告的语言则应该通俗易懂，便于人大代表和公众的审查、议论和监督，也只有这样，人大才能做出反应民意的决议来。

目前中国财政预算及其相关领域暴露出的问题，如控制政府规模、压缩政府支出、减轻赋税征收、规范政府财政行为等等，都不是依靠政府的“自我革命”能够完成的，因此新预算法的修订，必须在外部强力约束之下进行。而这也正是中国财政制度最为缺憾的部分。有效的外部约束力存在，才有可能形成对政府及其财政活动的根本性的控制与约束。这是中国预算改革唯一正确的方向，往前走，就有希望。

（**李炜光** 文，原载《书屋》2008 年第 11 期）

“物权法”呼唤公共财政

《中华人民共和国物权法》即将实施。毋庸置疑,《物权法》中具有实质意义的是对私人财产权的承认,从这个意义上说,中国深层次改革才刚刚开始。一个历史的分水岭呈现在我们眼前。

（一）

“私人”范畴是与“公共”范畴相对应的。在市场经济条件下,随着资本的出现和劳动力商品的形成,才得以产生“私人”这一范畴。“私人”体现了市场和资本的意志与本质。只有在市场经济条件下,其社会成员,无论是有产者还是无产者,才可能成为独立的经济主体,才可能具有平等的政治权利,而这正是市场交易得以实现的前提条件,也只有在“私人化”的基础上,政府及其财政才有可能逐步走向“公共化”。

首先,劳动者本身的“私人化”,是人类解放自己的必经之路。在古代社会,奴隶是不自由的,谈不上“私人化”。到了中世纪,农奴尽管有了自己一定的利益,但仍处于封建依附状态,没有自己独立的政治地位和利益保障,从而也不能称之为“私人”。到了封建社会末期,西欧国家的劳动者才逐渐摆脱了农奴身份,最终成为政治上的“自由人”,其中经历了一个相当漫长而痛苦的过程。对这种“自由”身份,我国传统理论往往将其视为“一无所有”而加以批判,但它却是真实的。正是由于劳动力可以独立自主地出卖,才使得劳动力的买卖过程完全市场化,使得劳动力资源得以优化配置,也使得劳动者可以通过出卖劳动力而获得相应的价格,即“工资”。这样,劳动者就拥有了自己独立的个人利益而“私人化”了。如果没有这个“私人化”过程,则社会的“公共性”也就不可能形成。如同古希腊和古罗马一样,尽管存在着一定的市场因素和政治上的民主制与共和制,但不能出现市场经济,不能形成“公共领域”,也就不会产生公共财政。

其次,资本的独立化也具有重要意义。在人类发展史上,某些个人积聚大量财富的现象屡见不鲜,但并不能转化为资本,只是到了近现代社会才转化为资本。对此,传统理论的解释是因为没有劳动力商品存在,但这只是其原因之一,另一个原因是货币尚未独立化。在自然经济条件下,商品和货币都只是经济的从属性因素,不可能成为独立的和主导的经济因素,于是就表现为中国的重农抑商,甚至禁止商人“衣丝乘车”,也表现为欧洲中世纪城市手工业的行会束缚和商业城市从属于农村等历史现象。如果只是出现了劳动力商品,而货币本身不拥有独立的地位,它就无权去雇佣劳动力，即使雇佣了劳动力，其向资本转化的过程也会受到种种干扰，并且由于自身不具有独立的政治地位而最终夭折。货币转化为资本除了它必须积聚到“一定数量”之外，还必须加上实现政治和经济的独立性这一先决条件。欧洲货币获得这种地位就是通过赎买等活动从封建主及手工业行会手中获得的，而中国封建社会中虽然也曾出现过相当发达的商品货币因素，但它们自始至终未能获得独立的地位，中国封建生产关系因此得以长期延续，资本主义萌芽未能生长壮大。

劳动者和资本的独立化，使得整个社会处于“私人化”的状态之下，使得所有的经济主体都具有了独立地位，都可以独立地追求并拥有自己的私人利益，这就是为什么“私人”和“公共”的区分只存在于市场经济中的根本原因。由此可以知道，为什么在我国计划经济时期，企业只能作为政府的“附属物”存在，我国的劳动者只能依附于企业，而从根本上说是依附于政府。

在“私人”领域与“公共”领域的划分方面，最具特殊意义的是私有财产权。财产权是一个人神圣而不可侵犯的基本权利，是人类谋求生存、发展、建立和拥有家园的权利，是生命权的延伸，是人类自由与尊严的保障，是实现包括生命权在内的其他一切权利的基本保证。财产权意味着人们有权获得、利用和处置财产，没有财产权，其他权利就是空话，蔑视财产权，将导致蔑视人的安全与生命。

对财产权最常见的偏见是，财产权是富有者的专利，是偏向于富人的，然而，历史一再证明，财产权不只是富人的权利，更是穷人的权利。一般说来，富人总是拥有足够的力量和手段（或是金钱，或是权力）来保护他们的财产，倒是穷人更需要对其财产权的保护，因为他们是弱势群体。

无论在历史上还是在现实中，财产权都首先是穷人的权利。只有财产权牢不可破，市场经济才能正常运行。如果财产权对穷人真的有害，就不会有那么多人为穷人争得财产权而“抛头颅，洒热血”。

普通的、平等的、私人化的财产权与专横的政治权力是完全对立的。承认私人财产不可侵犯就意味着统治者的权力受到节制。正因为财产权对社会大多数人(包括穷人)有利，统治者才不愿让平民百姓享受这一权利。十八世纪中叶英国首相老威廉·皮特在一次演讲中有一句名言：“风能进，雨能进，国王不能进”，意思是说再穷苦的人，他的寒舍也敢于对抗国王的权威。这说明他认识到了财产权对于穷人的极端重要性。相比之下，我们看到的是十八、十九世纪中国皇帝指挥军队大规模的“抄家”，任何豪宅大院，风不能进，雨不能进，但皇帝却可以随意进出。这一历史现象说明，财产权作为一种权利，享受的人越少，受益的人越少；享受的人越多，受益者越多；所有人都享受，则所有的人都受益。财产权还是实现平等的有力杠杆，财产权会造成两极分化、贫富不均的观点是不能成立的，恰恰相反，过分追求平均才是不平等的真正原因。在财产权受保护的制度下，人们为干得多、干得好而竞争；在财产权无保障的制度下，人们为干得少、干得差而竞争。

“神圣不可侵犯”的私人财产的出现，对于“私人”和“公共”领域的划分具有关键性的意义。

首先，“公共”活动是由“私人”活动构成的，是“私人”活动的集合体。没有“私人”，何来“公共”？几十年的计划经济环境，使得人们根深蒂固地形成了否定“私人”范畴的观念，“私心杂念”、“自私自利”是极其可鄙的名词。在这样的社会中，只有“个人”而没有“私人”，而“个人”又是从属于

"组织"的，是"集体"这台大机器中的"螺丝钉"。由于取消了"公共"的对立面——"私人"，此时的"公共"与"私人"现象混于一体，尽管仍有"公共"活动，但从根本上看，已不存在严格意义上的"公共"范畴。

其次，"公共"是建立在"私人"基础之上的。在"私人"领域，个人追求着自己的利益，为自己的私利最大化而与别人竞争，而公共活动作为私人共同利益的集合体，不能仅仅体现某些个人的利益，而只能体现和满足以个人利益为基础的社会共同利益，但它从根本上又是保护和促进私人利益，而不是危害私人利益的。

"私人化"，乍一看似乎将导致独裁，因为将"私人化"推向极致，最终将形成公共权力高度集中于个人，其实不然。财产的私人化，是社会所有成员都享有的权利，如果只有少数人才享有这一权利，那是谈不上什么财产"私人化"的。正是由于所有社会成员都获得了财产私有权，而且有能力保护这一权利不受侵犯，才决定了在无数独立的社会成员面前，是不可能出现个人独裁状态的，即使出现了，也将很快为历史所否定。因此，财产私人化的社会，必然是民主和法治的社会。

我国市场化改革所引起的一个根本性的变化，就是财产"私人化"趋势日益突出。这种变化，是导致公共财政体制在我国逐步确定的决定性因素。目前个人消费品已基本上由市场提供，极少数非市场型个人消费品的市场化进程也明显加快。随着劳动力市场的建立和完善，个人也基本上摆脱了企业的行政束缚，不仅开始拥有自己的劳动力所有权，逐步具备了独立的个人消费能力，而且还通过股票、债券、基金等形式而拥有了资本要素。这些都充分说明，我国"私人化"的过程已有很大进展并将最终完成。相应地，我国的公共需要也开始与私人需要相分离，逐步取代了原有的国家需要,而形成市场经济条件下的国家需要,最终将形成以满足公共需要为活动目的的公共财政制度。

(二)

"公共领域"与"私人领域"的分界,决定了公共财政的存在,决定了公共财政以满足公共需要为目的的特性,也决定了公共财政必然是民主的和法治的财政。也就是说,公共财政只能在"公共"领域活动,不能介入"私人"领域。不仅如此,它还要为"私人"领域提供公共服务,也就是人们常说的,凡不属于或不能纳入社会公共需要的事项,财政就不应介入,凡属于或可以纳入社会公共需要的事项,财政就应当也必须介入。这里所说的"社会公共需要",就是相对于私人需要而言的。据此,我们可以概括出公共财政的几个基本点:提供公共产品或服务、平等和公正、非赢利性以及民主与法治。

经济学家们对国家职能问题的讨论一般总是围绕着传统中国的政府究竟是管得多了还是管得少了、政府的职能作用究竟是太强了还是太弱了的问题进行,实际上这里面有误解。应该说:就统治者的权力不受法律的制约而言,传统中国的政府确实很强大,说一不二,专断无比,但是,如果是就统治者为社会提供公共服务、有效地管理社会而言,它又是相当羸弱的。

中国民间自古就存在着一种"政府崇拜"文化,"全能国家"和"国家至上"的观念长期占据着思想意识的主导地位。这种观念对国家作用的强调高于对国家的制度约束的强调,对国家税收强制性的强调高于对纳税人和公民权利的强调，对国家财政"生产性"的强调高于对公民提供公共服务的强调，对国家提取民间财富合理性、必要性的强调高于对民间监督国家支配财富方式的强调，从而把国家这个"怪物"高高地凌驾于社会和人民之上。执政者往往把国家摆在经济发展的中心位置上，认为发展经济的主角是政府，而不是民间或个人，认为只要赋予政府以足够的财富控制权，只要公民和地方政府无条件地服从中央政府的安排，国家就无所不能，包括变人间为天堂。然而，从古到今，"全能国家"都只是神话，不是事实。

提供好的公共服务是人类社会需要政府的理由，甚至是唯一的理由。正是由于市场无论运行得多么正常和高效都无法生产出公共产品，纳税人才愿意降低自己的可支配收入向政府纳税，这是纳税人整体利益所决定的，因此，在市场经济制度和宪政民主的政治制度下，纳税人是社会的主人，是纳税人授权给政府，而不是相反。

纳税人和所有公民的整体利益体现在政府所提供的公共产品和公共服务的数量与质量上，体现在政府通过良好的财政制度参与社会财富的再分配，以矫正市场缺陷或其他原因导致的社会不公正，避免贫富差距极端化和由此引发剧烈的社会动荡。

政府与公民个人之间的关系是一种特殊的交易关系。政府向公民提供公共产品和公共服务，公民向政府缴纳税收。这里，税收既是政府提供公共服务所获得的报酬，也是公民购买政府服务的价格，二者之间应当是均衡的和等价的。而税收负担的高低则主要取决于政府所提供的公共服务的数量和质量。凡是用纳税人的钱建立的机构和设施必须让所有的纳税人共享，不管是一年交了一百万还是只交了几元钱，应该是完全一样的待遇。

既然宪政制度下纳税人是社会的主人，政府及其公务人员是主人“雇”来办事的(为纳税人和所有公民提供公共服务)，是社会的公仆，那么公仆就只能把事情办好，不能办坏，更不能利用主人授予的权力谋取私利。世界上绝对没有人愿意雇佣一帮人来骑在自己的头上作威作福。纳税人有权知道自己交出去的钱是怎么花的，花在哪里，花了多少，花的效果如何以及该不该花，公仆们则有义务向人民交代财政收支的规模和结构，有关的项目和数字应当是具体的、细化的和准确的。他们有义务向人民公开自己的私人账户，有义务制造公共福利而不是公共祸害。

在宪政民主国家，没有“百姓”，只有“公民”。百姓社会与公民社会的最大区别，就在于前者强调的是公民的义务，后者强调的是公民的权利。政府及其公务员不论为公民做了多少好事，都是理所应当的，不需要谁去颂扬，政府不会在媒体上表扬自己做了十件、二十件“实事”，不会出现“特困”居民在“送温暖”之类的活动中边掉眼泪边说些称颂政府的话。因为，政府官员为人民做多少好事都是应该的，没有自吹自擂的理由。

不得不承认，我国宏观经济上的繁荣已经掩盖不住深层次问题的日益暴露：企业预期利润的减少使投资受到影响，政府大量发行货币只会快速加大储蓄数字，宏观经济运行出现通胀和通缩两种不确定的局面。伴随着巨大的财政赤字，“跑部钱进”的闹剧却持续上演不衰，人们心里明白，这种得不到监督的巨大的货币流出，会在人性自私的膨胀中引发多少腐败现象的发生。自 2003 年起，很多迹象表明，国家经济增长与人民生活水平的提高明显表现为相互脱节，盛行多年的 GDP 概念逐步没落，而质疑改革的呼声却有日益高涨的趋势，以致不得不由中央领导人出来"说话",澄清是非。

人们往往只是把经济增长上存在的问题归结为内需不振,殊不知政府向社会提供的公共服务不到位才是问题的根源。

改革开放三十年了,我国各级政府依然像一个个超大型的企业,其职能与定位并没有根本性的改变,仍然有着强烈的参与市场竞争的本能与动力;政府机构的裁减和改革还远未完成,"吃饭财政"的问题依然严重,财政收入中相当大的部分还要耗费在"人头费"上面,在这种情况下,以年度超千亿的速度增长的税收究竟能有多少用在提供公共服务方面呢?

作为公共产品生产者和提供者的政府,在免费教育、卫生保健和特殊困难补助金等公民的基本权利方面,应当更多地向社会的弱者倾斜,因为这将有利于加强社会弱势群体的自保能力和竞争能力,改善他们在机会利用上的不平等地位。但从目前的实际情况来看,社会弱势群体尚未享受到不分城乡一律平等的权利、一视同仁的税收负担、无歧视的教育和保健制度等国民待遇,许多家庭和个人不得不把大部分收入用于医疗、子女教育、养老防老等基本生存方面。这种情况在中国农村表现得更加明显。

中国社会历来存在较大面积的偷逃税收的现象,人们过去总是将其归因于中国人的纳税意识差,实际上也与政府的公共服务不到位直接相关。与打击偷逃税行为相比,强化自己的公共服务功能可能更为重要。因为这将创造出一个和谐的和可长久依赖的税收来源,从长远来看,政府的财政提取能力不但不会减弱,反而会增强。

公共财政是政府为市场提供公共服务的分配活动。政府为市场服务所需要的资源是通过税收等手段从市场那里征集来的，而其安排出去的财政资金也要通过市场交换才能购得提供公共服务所需要的资源和要素。在这个过程中，很自然地形成了政府对市场的依赖和对市场主体的影响。此外，市场经济的整体性又决定了政府作用于某个或某些市场主体的过程，也就是影响其他市场主体的过程。这样，政府以整个市场为对象提供的服务，在等价交换原则的决定作用下，就必须是对所有市场主体一视同仁、平等相待。所有的市场主体都无法依靠政府权力而索取额外的价格和利益，也不因政府权力的干预而承担额外的费用和损失。这就是"起点与过程的公正"，它是与市场经济的本质要求相适应的。如果不是这样，政府对不同的市场主体提供规格不同的服务，给一些市场主体以优惠的政策待遇，同时抑制另外一些市场主体的活动，那么，政府实际上是以非市场手段直接介入和干扰市场经济的运行，就是犯了市场经济之大忌。

政府平等对待所有的市场主体，从财政支出方面看，就是政府提供的公共服务是适用于所有市场主体的，或者说是服务于所有市场主体的根本利益的。例如，政府修建高速公路，所有的社会成员都是处于自动受益者之列，而不能只是国有经济才能使用；政府的环境保护活动，也不是只为国有经济提供的公共服务，而是为整个社会做的事。在税收方面，让某些经济成分享受低税率征收或减免其税收负担，而对另一些经济成分反其道而行之，就会人为地破坏交换活动的等价准则，造成不公平的市场环境。有人会问，西方国家的社会保障支出，并没有向所有的市场主体提供，而只是社会中的一部分人享受，怎么能说是平等对待所有的市场主体呢？是的，社会保障支出的直接受益者是"贫困线"以下的社会贫困阶层，但其最终受益者仍然是整个社会，因为政府在这里提供了“稳定”这种公共服务。也许还有人会问，税收并不是一视同仁的，典型的如所得税的超额累进征收，使市场主体的负担差距拉得很开，有的负担很重，有的却只缴纳很轻的税甚至无须缴税，这又怎么解释？实际上，税收表面上这些歧视性的做法，依据的仍然是效率、公平和稳定的原则，所谓“富者税重，贫者税轻甚至无税”就是最大的公平。

中国经济发展的希望在于民间经济。促进民营经济的发展，除了政府投资于基础设施建设这一间接刺激手段外，更重要的是设法创造一个相对公平合理的竞争环境，在市场准入（电讯、金融等）问题上，在财政、税收、金融等各个方面的国民待遇问题上，让民营经济与国有经济、外资经济享受同等的规格和条件，让他们真正站在同一条起跑线上，同时下大决心和大力气打击官僚经济和腐败行为，切实做到为民营经济的发展保驾护航，也就是力争做到“起点与过程的公正”，只有这样，才能达到促进民间经济发展进而繁荣整个国民经济的目的。

能否约束自己的权力和规模并为社会提供平等、公正的公共服务，已经是我国政府在二十一世纪面临的一场最大的考验。

（三）

在民主政治制度下，个人是公民而不再是臣民；个人的自由和权利能够得到比其他政体更有效的保障；公民有权过问和参与与他们个人利益相关的政治决策，所有的政治架构和权力职位向所有公民开放。在民主政治下，公民享有各种自由权（言论、出版、集会、信仰、结社、选举权和参政自由等)。它使得政治在人类历史上第一次成为一种不再需要付出生命代价的职业。

民主政治与中国的传统文化是相冲突的。中国历史上没有民主制度,甚至连一种低级的、不成熟的民主制度也没有,而专制主义的历史却长达两千多年,是世界上资格最老的。而且封建统治者把专制制度发展得极为完善,任何新生事物在它面前都举步维艰。从康、梁以来,中国知识分子有个共识:中国人素质太低,短期内不能实行民主。作为知识分子群体来说,这样认识问题是很可悲的。因为它与时代发展、人民的意愿和客观的政治经济发展规律不相符。中国要实现现代化,必须打破这个只能引人走入死胡同的观念。

民主与法治的关系,应当是先民主后法治,没有民主就不可能有真正的法治。中国是世界上最早出现成文法的国家,但并没有成为最早的法治国家。直到今天,在普通百姓的心目中,法主要指刑法,是用来制人的,殊不知,现代国家的法律首先是用来保护公民利益的,由此可见专制主义的文化传统对中国人影响之深。

什么是财政民主制?依笔者的理解,就是按照民众的意愿,通过民主的程序,运用民主的方式来理政府之财的制度。它是与市场经济体制相适应的财政制度。建立财政民主制,对当代中国极为重要,也应是我国下一步财政体制改革的一个重要方面。

国家契约论认为,国家是一个契约。社会经济正常运行所需要的私人产品,如吃穿住行之类,可以通过市场竞争生产出来;而人们需要的公共产品,如城市公共基础设施、社会治安、竞争规则、军事、外交等,这部分产品无论市场如何运行也是生产不出来的,只能由国家来提供。因此,人们愿意与政府达成协议，通过交税的形式，把一部分资源交由政府配置，于是公共财政就产生了。如上所述，这是社会需要一个政府的理由，也是社会公众授权给政府的理由。所以，在市场经济条件下，政府是为市场提供公共服务的，是为纳税人服务的。由此产生的理财思想必然是民主理财，并在这一思想的基础上建立起适应市场经济需要的财政民主制。

在财政民主制下，政府的财政行为由不受监控或由上级监控转化为“纳税人监控”。纳税人监控必须通过某种形式，这就是议会。议会代表着纳税人的利益，反映着纳税人的呼声。纳税人通过议会对要不要征税，征什么税、征多少税，如何安排财政支出，支出效果如何等问题直接作出原则性决定，并对政府的具体实施行为进行监控，并有权对政府的财政部门或主管官员进行惩处。

从经济的角度看问题，民主制的核心就是财政民主制。我们所说的建立与市场经济相适应的民主政治，其主要内容也是财政民主制。因为民主制从来就不是一个纯粹的政治问题，它是针对政府行为，特别是政府配置资源的行为而发展起来的。一些学者直到现在仍把民主政治只看作是一个政治范畴，这种认识是不全面、不准确的。现代市场经济需要民主制度，因为市场经济的灵魂是平等竞争，反对权力市场化。市场竞争越是激烈，就越是要求建立民主制度。由于有了财政民主制，穷人的利益得到了照顾。财政民主制度下，还建立了旨在保护穷人利益的产权制度，这对穷人更有意义。前述英国历史上一位政治家的名言“风能进，雨能进，国王不能进”，说明早在十八世纪，西方国家就已初步建立了产权制度。但在中国历史上，我们看到的完全是另外一种情形：皇帝指向哪里，他的军队就抄家抄到哪里。读一读《红楼梦》就可以了解了。这种不尊重私人财产，任意入户抄家的遗风甚至影响到现代，"文革"时期我们见得很多了。正是因为有了民主制度，并由此派生出一系列制度安排，才有了后来英国等西方国家的兴起；也正是由于缺乏这样的制度，中国在近代才走向革命，在现代则不得不进行改革。在财政民主制下，西方发达国家的议会中有纳税人的代表，有《纳税人宣言》，他们能够理直气壮指责政府，要求政府为纳税人提供服务和节俭有效地使用财政资金。不管西方资产阶级民主带有多么大的虚伪性，这一点他们却是实实在在地做到了的。如果在市场经济条件下不强调民主理财，不建立财政民主制，就将导致决策者个人偏好代替民众偏好的现象发生，最终将侵害纳税人的权利。

对照市场经济和公共财政体制的要求，我国人民代表大会的监督作用、人民代表的代表性、政府接受人民代表大会的制约和监督机制等诸多方面，都有需要改进和完善的地方。例如，现在人大开会审议有关财政问题的报告和议案，几乎从不涉及具体的财政收支项目，这在很大程度上是由于传统意识起作用，认为财政收支数字属于国家机密；即便是中央级预算，也往往只有一个大概的总数。代表只讨论这一年的财政政策是"松"还是"紧"，至于具体的收支来源、数额、走向以及效果等，都不在讨论之列。人大代表也只在一片模糊的数据中展开热烈讨论与表决。这样的财政预算讨论能否起到控制和监督的作用很值得怀疑。

发达国家议会给我们的印象是议员们为某一财政支出项目而争论不休，短则数周，长则数月，小到一座桥梁，一条公路，大到飞机、导弹、航天项目，一项财政支出方案往往要经过多次听证会和反复论证。过去我们只看到其争吵不休的一面，其在科学性和减少失误方面的长处是不是也应引起我们的思索呢？实际上，人民代表大会上讨论的财政问题，应当是微观的，是每一项具体的财政收入和财政支出，而不只是理论上的、宏观的。理论上、宏观上可能大家都举手，可一到讨论实际收支时问题就出来了。这时候，如果没有财政民主制，或是讨论无法进行，或是进行了而无实际意义，更难以避免财政政策的失误。

确立民主财政的观念在今日的中国变得越来越重要，如果不能有效地发挥人民代表大会的决策和监督作用，或不能在法律上确立纳税人的权利并做到真正代表纳税人的利益，我们苦苦追求的公共财政体制无论如何也是建立不起来的。

（司　晨　文，原载《书屋》2007 年第 5 期）

中国经济的过去与未来

正视中国经济发展的「瓶颈」

自从改革开放以来，中国的年经济增长率(GDP)平均为百分之九。然而，历经二十五年的持续增长，现在回过头来观察一下中国经济增长的结果，却会发现一个令人十分惊讶的现象，那就是持续的经济增长并未加快中国的工业化进步。这一观察所揭示的经济结构问题与某些表象化的说法(如中国将成为"世界制造业的中心"等)构成了鲜明的对照。对这个现象的深入分析可以帮助我们认识中国经济增长中的"瓶颈"。

中国作为一个发展中的大国，其经济的现代化不可能绕过工业化阶段，高科技产业的出现实际上也无法代替工业化的功能。中国的农村人口仍然占总人口百分之七十以上，上亿的剩余农村劳动力需要转移到非农产业，只有整个经济的工业化程度大幅度提高了，目前生活于落后的农村的大部分人口才可能成为现代化的推动者和受益者。没有工业化方面的长足进展,第三产业的生长空间是有限的,农民进了城也难以维生。

过去十年来中国在工业化方面的发展究竟如何呢?

观察一个国家工业化的进展,可以看制造业增加值在GDP中比重的变化趋势。这里讲的制造业不包括采掘业和原材料工业(如钢铁工业、石油炼制等),这个范畴的制造业所反映的工业化程度不受原材料工业规模大小的影响。一些原材料能源出口型国家(如沙特阿拉伯和尼日利亚)的工业比重可能很高,但制造业并不发达;中国作为一个资源相对不足的大国,工业化程度不能单纯看原材料工业是否发达,而主要应该看制造业是否发达。

谈到中国的制造业,当然不能使用陈旧的“民族工业”这个概念。所有在中国领土上开办的外资企业都是中国经济的一部分。不过,为了了解中国对外开放后经济结构的变化,还是有必要区分外资参与下的工业化与本国工业企业自身的发展。在经济全球化趋势下,跨国公司在各国所设工厂并不一定融入各国自身的工业体系,各国制造业中的本国企业和外资企业可能会互补互强,也可能是此消彼长。

中国对外开放以来成功吸引了大量外资,出现了大批外资制造业企业。如果从沿海外商集中地区的情况猜测,也许很多人会以为,有这么多的外资企业进入中国,中国的制造业规模一定在迅速扩大,工业化程度肯定大幅度提高了。然而,笔者用《中国统计年鉴》上的数据计算的结果却显示出相反的结论。1992年,中国本国正规制造业企业(国家统计局的定义是财务上独立核算、达到基本生产规模的正规企业)和外资企业工业增加值之和占GDP的比重是百分之十八点四,1996年这个比重下降到百分之十七点四，1998 年进一步下降到百分之十六点二；2000 年这个比重才回升到 1992 年的水平，为百分之十八点五。也就是说，整个二十世纪九十年代里从规模上看中国的工业化实际上处于停滞不前的状态。

九十年代中国的工业增长率不是一直很高吗？工业高增长情况下怎么还会发生工业化停滞不前这种几乎令人难以置信的结果呢？部分的答案在于工业增长的相当大部分来自非正规的工业生产组织。1992 年，这类组织的增加值占全国工业增加值的百分之二十五点五；而 1998 年这个比重则猛增到百分之四十一点八。中国的工业统计制度对正规和非正规的工业生产活动有严格的区分。按照国家统计局的分类，笔者把那些经营上不独立，附属于商业机构、学校、机关的小型工业生产车间（如学校附设的小型校办车间或隶属于街道居委会的加工组），还有乡村里的作坊型小型简单工业合称为非正规制造业，以区别于正规的制造业企业。非正规制造企业通常技术设备和工艺都很简单，雇员很少，生产规模非常小。

由此再进一步分析，笔者发现，二十世纪九十年代中国的工业结构经历了如下变化：首先，外资企业在工业增加值当中的比重明显上升。其次，非正规制造业在工业增加值中的比重迅速提高，但此类小型简单的工业生产活动不能运用多少现代工业技术，也体现不了现代工业的发展。再次，本国正规制造业在工业增加值中的比重大幅度下降，从百分之四十二点一跌落到百分之二十六点五，这说明本国的正规制造业处于明显的相对萎缩之中。显然，城市国有和集体企业大批破产、近年来乡镇工业企业大批停产倒闭对正规制造业的发展构成了严重威胁。

这种局面可以用两个“替代效应”来概括。第一个“替代效应”是，大规模引进外资并未有效改善本国正规制造业的素质,实际上只是出现了外资替代本国正规制造业的结果。1992年本国正规制造业与外资企业增加值的比例是九比一，而到了2000年本国正规制造业与外资企业增加值的比例变成了六比四。考虑到外资和本国正规制造业合计在工业中的比重从1992年的百分之四十七点六下降到2000年的百分之四十一点九,这说明引进外资并未有效地促进本国正规制造业的升级和壮大。这与后发工业化国家的发展模式明显不同,此类国家成功的工业发展模式都表现为本国制造业素质和规模随着引进外资以及与外资合作而迅速扩大，最终出现了外资工业与本国制造业相互扶持共同繁荣的局面,其工业化程度也因此而迅速提高。但在中国发生的这种“外资替代效应”却导致工业化的步伐徘徊不前。这种“外资替代效应”还意味着中国经济正在形成对外资的依赖。由于本国正规制造业的萎缩趋势非常明显,如果引进外资的速度放慢,中国将出现工业化程度下降的“去工业化(deindustrialization)”态势,这对一个失业压力极其沉重的发展中国家来说是相当危险的。

第二个“替代效应”是指工业增长中出现了本国的正规制造业被技术简单、规模很小的非正规工业生产活动所替代的“弱质替代强质”现象。任何处于工业化进程中的发展中国家非正规工业生产活动都会呈现蓬勃活跃的局面,但正常情况下这些非正规工业生产活动主要是正规制造业的补充和配角,它不可能独立支撑经济现代化。而中国的情形却是“主角”被“配角”替代了,原本应该是“主角”的正规制造业变成了工业增长的“配角”。以经济增长率较高的1996年和1997年为例,1996年本国的正规制造业和非正规工业的增加值比上年增加了三千七百九十八亿元，其中本国正规制造业的贡献占四成，非正规工业的贡献占六成；1997年本国的正规制造业和非正规工业的增加值比上年增加了两千零一十亿元，其中本国正规制造业的贡献只占四分之一，非正规工业却占四分之三。

九十年代工业增长中出现弱质辅助型生产“喧宾夺主”的替代效应，这是反常现象。如果非正规工业的活跃与正规制造业的迅速发展同步，这是良性而正常的；如果正规制造业处于相对萎缩中，而工业增长的“主角”由附加值很低而技术工艺简单的非正规工业来代替，这种反常的状态说明本国制造业的整体素质弱化了。

面对这个数据分析结果，人们很可能会产生一个联想：非正规工业的增加值或许靠不住。笔者也有一些怀疑。中国国家统计局对正规工业的统计比较完整，分行业数据多年连贯，其中有“水分”是比较容易发现的；而统计局对非正规工业增加值的统计则十分粗糙，既无细类划分，也无任何其他数据参照，如果其中含有“水分”就不易识别了。若那些追求“政绩”的官员们要夸大本地的工业增长率，最容易做的就是虚增非正规工业的增加值。1992年以来，“发展是硬道理”成为基本国策。而在“发展”不易随时测度的情况下，“发展是硬道理”就很自然地演变为“增长是硬道理”，经济增长率就被拿来作为衡量各级行政主管经济管理能力的简单易行的指标。于是一个地区复杂的经济发展问题就被简化为增长率高低的问题。为了升迁，各级干部自然会想尽一切办法来“推动”本地区的经济增长率，往正规工业增加值里“兑水”的难度大一些，而往“非正规工业增加值”里“兑水”可能就方便多了。国家统计局公布的1996年GDP增长中将近四分之一就是来自这些非正规工业组织的产值。

其实,国家统计局也并不敢相信各省市统计局报给它的工业产值数字,为此国家统计局从1998年起修改了工业统计口径,试图有针对性地把地方政府虚报的“水分挤干”。这一努力缩小了正规制造业和非正规工业的增加值数字,但统计口径的这一调整并不影响本文提到的结论,本国工业部门内的“弱质替代强质”效应依然非常明显。

以上述的两个替代效应为代表的经济增长方式无疑对需求结构以及经济的增长潜力有重大影响。它表明,九十年代的工业增长方式对劳动力的需求与以往大不相同了。

首先,正规制造业的相对萎缩意味着对制造业各部门熟练技工、技术人员和企业管理人员的需求在相当长的时期内趋于下降,而这些人过去恰恰是城市中等收入阶层的主体,因此城市居民中与工业部门有关的相当大部分人的就业和收入状况明显恶化而无法改善。

其次,外资企业的大部分所从事的是技术简单、劳动密集型的出口导向型生产。另一些从事高技术产品生产的企业虽然进口的产品零部件之技术含量高,但在中国的加工装配工艺的技术含量却并不高。因此外资企业需要的劳动力大部分是低工资的非熟练工,并不需要大量雇用被本国正规制造业解雇的熟练技工、技术人员和企业管理人员,这样工业生产上的“外资替代效应”就不会产生就业机会上的类似效果。根据最新的报道,已经在广东经营了若干年的不少劳动密集型外资企业还打算西迁,以便利用内地省份非熟练工更低的工资水平来降低成本。这种趋势说明,劳动密集型外资企业对劳动力的需求特征决定了其雇用员工的工资将长期停留在最低水平上,其西迁行动将逐渐消减沿海地区现有的经济发展水平。

再次，尽管从事非正规工业生产活动的劳动者人数可能比九十年代初增加了，但以非熟练工、低工资工人为主。当工业增长的很大部分来源于这种简单型工业生产活动时，对熟练技工和技术人员的需求是很小的。

最后,对服务业的需求也低档化了。服务于现代工业的那些第三产业部门不易扩张,大批涌进服务业的劳动力只能挤在商业和餐饮、社会服务等低工资行业。在这些产业内部,人均收入水平趋于下降,而金融、房地产、通信、教育等行业的就业人数增长并不显著,有的部门甚至有所减少。

由于经济增长与劳动力需求的增长不对应,所以中国城市里出现了持续性失业高峰。在失业高峰状态下,还存在着结构性的不利因素,即已有的就业岗位中低工资职位的比重明显上升,而对熟练的技术工人以及工业技术人员和企业管理人员的需求相对萎缩,因此在高等教育入学率很低的中国,近年来大学毕业生却常常只能就职于秘书等技能简单的白领职位,从 1999 年开始甚至出现了大学毕业生总体上供过于求的状况。由于工业化的相对停滞,消费需求的相对萎缩是产业结构和就业结构变化的必然结果,因此将不会是暂时现象。

近几年来,不少学者开始关注中国日趋严重的社会两极化现象。社会两极化趋势也威胁着经济增长,一个严重两极化的社会不可能支撑经济的繁荣。清华大学教授孙立平前年就指出,中国经济增长的成果和社会状况的改善之间已经出现了断裂,经济的增长在很大程度上不再导致社会生活状况的普遍改善。

在中国,尽管大规模的土木工程建设改善了城市的外观,在外资的推动下沿海若干大都市和郊区也形成了局部“繁荣”，占人口百分之几的精英阶层开始享受接近发达国家的生活消费水平，但工业化徘徊不前同时伴随着“弱质化”，再加上农村凋敝、农业的微弱增长不能使农民增加收入，于是中国就出现了经济增长率“坚守”百分之七至八这条“底线”，而失业率居高不下，就业者的平均工资呈下降态势，消费需求持续萎缩的经济格局。这就是孙立平所说的经济增长与大多数社会成员的生活状况脱节现象的经济原因。

在工业化进程停滞并呈现“弱质化”特征的状态下，中国的现代化实际上步履蹒跚，少数都市中出现的现代化生活也缺乏稳固的基础。这样的经济结构无法满足多数社会成员今后向上流动的需要，精英圈将越来越封闭和排他。如此格局或许可以支撑现存的精英阶层的富裕生活，但却难以提升大多数社会成员的经济社会地位。一个日益两极分化的社会之再生产过程在产业结构方面也已基本成型。中国的经济改革路径解决了精英阶层的经济需要，但却未能解决产业发展问题，也因此难以改善大多数国民今后的生活状态。经济增长如果不能有效地改善经济结构，它将越来越成为一种“符号”。如何突破经济增长的这个“瓶颈”，是上个世纪中国改革未能解决的难题。二十一世纪中国的前景很大程度上将取决于能否在制度层面上找到突破这个“瓶颈”的办法。

（**程晓农** 文，原载《书屋》2004 年第 7 期）

亚洲金融危机十年祭

关于金融危机的悲情观

人类所有的金融危机都是可理解和解释却不可预测的。

这是一句名言，也是一句充满悲情的废话。

说其为名言，因为它揭示了金融危机历史的真实。如果金融危机可以预测，人类就会采取各种可能的办法来阻止它的发生。遗憾的是，所有的金融危机都没有被预测到而真实地出现在人类社会的历史中，这就是不可预测的明证。事后，人们对已经发生的金融危机评头品足、说三道四，虽然仁者见仁，智者见智，综合起来看，那便是一幅金融危机发生、发展、走向巅峰而转向，最后平息下来的逻辑演示图。由此，我想到了爱因斯坦那句话——这个世界最不可理解的,就是世界是可以理解的。金融危机也一样,它的确是可以理解从而可以被解释的。至于理解和解释金融危机这件事本身,是不是可以理解和解释,那就是后爱因斯坦时代里小爱因斯坦们的事了。

说其为充满悲情的废话,因为它不仅没有提供给我们对付未来金融危机任何“实用价值”的信息,可理解性和可解释性在金融危机的预测中显得软弱无力,而且由此判定也容易让人类产生无奈、无助和无为感。的确,金融危机的可理解性和解释性,并不意味着人类可以从这样的理解和解释中获得对于未来金融危机发生可能的预测,金融危机还是不期而遇。或者说,人类也可能从已经发生的金融危机的理解和解释中获得了某种行动的指导,从而可能性地避免了一些金融危机的发生。然而,凡是没有发生的金融危机,我们并不清楚是人类自己主动预测、管理、调节和控制的结果,还是历史进程本来就没有发生这些金融危机的可能性存在。一句话,没有发生的金融危机都是不存在的,我们无法假定它们的存在而认定人类理解和解释金融危机所带来的预测价值,从而肯定这种理解和解释能够让人类避免或减少金融危机。用句中国老话说,人类只是金融危机的“事后诸葛亮”,而“事后诸葛亮”不过是无用的别名。而且,“事后诸葛亮”又总是伴随着悲情的。

十年前,以泰国货币泰铢贬值开端的亚洲金融危机,在短短的时间内就蔓延到了多个亚洲国家,并深刻地影响到了整个全球的经济和金融体系。理解和解释这次金融危机的论文和著作从危机开始的那一时刻起就铺天盖地地涌来,至今还余波荡荡。当我们理读这些作品时,我们脑海里就有了一幅较清晰的危机发生和结束的逻辑演示图。不论是将危机发生的原因归结为发生国不完备的金融和银行体系，归结为经济转轨过程危机发生国政府控制与市场规则之间僵硬的关系，还是归因为国际投机巨鳄的阴谋，以及部分归因为国际货币基金组织起初不当的应对方案，我们可以综合地说，这场亚洲金融危机，从整个人类社会的范围看，我们试图理解它也在一定的程度上理解了它，试图解释清楚它也相对清楚地解释了它，但我们真不敢说，由此我们可以建立预警，安排对策，将金融危机永远地钉住在1997年而成为记忆中的历史。

那么，究竟是什么原因让人类社会的金融危机不可预测从而不可避免？人类理解和解释金融危机的“事后诸葛亮”又有什么价值？

货币财富积累的无边界游戏

货币是人类社会最伟大的发明之一。随着货币形态由一般的普通商品（历史上就用过贝壳、石头等做货币）变化到特殊的金银商品，又变化到纸币和电子形式及数字记录，相应地，人类社会围绕货币就衍生或创造出了规模日益增大、内容丰富的一种特殊活动，这就是所谓的金融活动。撇开当下五花八门甚至于可以说是光怪陆离的金融制度、金融产品、金融市场、金融组织和金融运动形式不论，货币的发明和由此而演化至今的所有金融活动，便给人类自己提供了一种永远也无止境的生命追求游戏——货币数量的积累游戏。

货币是财富的一般代表。在这个意义上，人们追求货币，也就是追求财富。当货币形态受限在普通商品甚至于特殊的金银商品之上时，人们追求货币的积累就是受到限制的，商品类货币的自然数量就是这种积累的自然边界。毕竟个人、家庭、企业甚至于国家等人类社会的各种组织形式，都不可能超越地球上商品类货币自然数量的限度来积累货币，例如，一个国家就是揽尽了整个地球上所有的黄金白银货币，那也是有限量的。这正如有人收藏鸡血石，收藏量肯定不会超过地球上存在的鸡血石数量一样。

当货币形态变化为纸币、电子形式及数字记录时，事情就发生了根本的变化。货币的数量边界消失殆尽，人们积累货币的边界也消失殆尽。在这里，前者只需要人类的主动安排，即印制钞票和权威机构写出货币数字就可以实现（由中央银行发行纸币，或是由中央银行直接注入到商业银行体系之中货币数量），后者则只要人们积极地追逐就可以达至，货币数量成了一个随意可以扩张的量了。尽管如此的货币已经不能与商品类的货币（如金银）同日而语，但人们对于货币是财富代表的理念却恒久地留存下来。货币已经虚幻，人们对于货币财富的理解还是实实在在的。这时，货币重要的，不是它是什么，而是它的数量多大，它的数字多大。时代出现了质的飞跃。

事实也是如此。各国的货币数量以一定的比例一直在增长，这只要看看各国货币发行或流通的历史连线图即可。与此同时，在以往时代只出现的“万元户”，随后就被百万富翁代替，如今是千万富翁、亿万富翁都不足为奇了。人们不必去比较各自的实际资产内容，即不用比你手里有的是房产还是股票，只要说你有多少数量的货币就分类出你是什么等级的富人了。翻开任何一个财富排行榜，那里只是数字的堆积，堆积量最大的就是最富裕的了。

货币数量边界的消失带来的首要问题，就是货币所面对的商品世界日益显得渺小，尽管人类社会的商品数量增长是一个持续向上的直线。换言之，商品数量的增长总是无法与货币数量的增长保持均衡态，商品数量增长永远也追赶不上货币数量的增长，从而越来越多的货币数量要去追逐相对较少的商品。如此的格局，带来了商品价格的自然快速增长，也就带来了人们对于货币数量无边界增长的另一种忧虑，这就是所谓通货膨胀的忧虑。

如果说货币数量在个人、家庭和企业等社会组织之间的分布总是保持一个公平合理比例状况，那么，不管货币数量如何变化，也就是不管价格如何变化，社会财富的分布就是公平合理的，通货膨胀也就不必忧虑。问题在于，货币数量巨大增加造成的通货膨胀，一定会带来社会财富的重新分布，引发社会矛盾并导致社会组织内部的巨大冲突，造成社会经济生活及乃至整个社会生活的混乱，结果就是，通货膨胀成了现代货币数量制约的一种“人为的”边界，当下整个世界各个国家都害怕通货膨胀而主动地约束货币数量的制造行为。

然而，人类总是在试图突破这个边界。人类在这样的货币时代里做了两件自己为自己制造无边界游戏的事情。一方面，在制造出一般的日常商品的同时，制造出了规模日益增大的既不能吃又不能穿的“金融产品”，如股票、债券、基金以及数不清的金融衍生产品，开辟了一个更大的金融商品交易市场，以此来创造更多的货币数量接纳空间；另一方面，从中央银行里印制或直接注入商业银行体系越来越多的货币数量，与金融市场不断“衍生”出来的金融产品相对应。这样，围绕这些“创新”而来的新游戏就层出不穷了。它们又进一步地促使新的金融产品的出现，促使更多的货币数量从中央银行的印钞厂里印出来，或是从中央银行官员的手下写出来。在这样的格局之下，个人、家庭、企业甚至于国家，都可以在一夜之间拥有巨大数额的货币量而“富足”，也可能瞬间就一贫如洗，这就要看谁掌握了这种游戏的诀窍，从而会玩这种游戏罢了。

历史就是这样地有趣，总有种东西会成为人类活动的天敌而让人类不得不自我约束那些无边界的“主观活动”——商品市场上的通货膨胀是一例，金融市场上的“资产泡沫”则是另外一例。就在人们津津乐道于金融产品的创新带给了人类又一种财富增长和集中的方式时，过大的货币数量对于某些金融产品的追逐，就成了完全的赌博游戏，渐渐地，另外一道天敌性质的大墙建筑起来，这就是经济学家们命名的“金融资产泡沫”。例如，一张一元面值的股票，可以完全脱离发行股票的企业经营情况而被“炒”到十倍、百倍面值价格之上，本来就是“虚拟”的金融产品，被再一次“虚化”成为纯粹的数字，这就是“金融资产泡沫”了。

“金融资产泡沫”从本质上讲，它不过是发生在金融市场上的巨型的通货膨胀。通货膨胀是商品市场上有形商品价格的普遍上升，“金融资产泡沫”则是金融市场上虚拟金融资产价格的无边界狂升，两者的质地一致，只是表现形式前者远远不如后者猛烈和蔓延更广而已。因此，“金融资产泡沫”对于社会经济生活乃至全部社会生活的破坏性作用，与通货膨胀毫无二致，只是具有更强的冲击力和毁灭性。在此，人类又一次遇到了不得肆无忌惮地安排货币数量的“天然屏障”。

糟糕的是，人类总是要在通货膨胀和金融资产泡沫出现之后，才认识到这样灾难的严重性，才发现原来人类不可以恣意而为地“创新”一切。更糟糕的是，人们即便认识到了通货膨胀和金融资产泡沫问题，深刻地理解并解释了一次又一次这样的历史经历，认识到了它们对于社会生活的巨大危害，却仍然在不经意中一次又一次地制造了这样的历史灾难。这其中究竟有什么奥妙？

人性的贪婪推动游戏的高潮

从人类社会的全部历史过程来看，任何人类改造世界的举动或创新活动，都会有某种边界限定的，超过这个边界，便是人类自己在“创造”自己的灾难。人类其实早就认识到了这一点。认识到而不在认识的基础上去自我主动自觉地约束，反而一次又一次地超越边界去“创造”自己的灾难，这只有用人性的特征或弱点才能解释了。

按照经济学主流学派的一般理解或假定，人是经济理性的，总是试图以最小的成本耗费去追求自我利益的最大化。这是一种人性特征的基本理解，也是人性弱点的基本理解。以通俗的话来说，人性的本质是贪婪的，无自我限制的边界——有一百元想一千元，有一千元想一万元，同时，希望最小的耗费并没有任何的风险。当人类社会存在着的不仅有有限的商品市场和交易，还有人类自我创造的无限的金融产品市场和交易，更有已经完全脱离了自然限制，永远也找不到边界的“人造”货币财富数量时，人们追求利益最大化的“经济理性”或贪婪本性，便由此获得了不受限制的绝对性张扬，进而转化成了现实生活里追求无限制货币数量积累的“疯狂激情”。在这里，经济学理论讲的“理性”，其实是生活中因贪婪而导致出的“疯狂”的别名。

毫无疑问,如此“疯狂激情”的集聚,必将冲垮一切自然的、社会的、心理的约束边界,直到制造出又一次的通货膨胀或金融资产泡沫,让灾难的降临来构建一道屏障,收敛住“疯狂激情”到相对合理的“经济理性”范围之内。正因为如此,当代修正了的经济学主流学派也认同,人的理性实际上是“有限理性”,因为受限于知识,受限于信息,还受限于传统,受限于现行制度等多种历史的因素,他不可能想得到利益的最大化,就能够得到。相反,在“有限理性”的天然规定下,人容易盲目地去追求利益的最大化,进而演化成为“疯狂激情”下的历史悲剧。例如,仅就人们根本不可能达到信息完全充分掌握的状况来说,人们就不可能将市场的趋势看得一清二楚而自我约束投资或投机行为,让自己总是处于一个“理性”状况,最后带来没有损失的最大净效益。经常的情况是,在利益无限追求本性的驱动之下,没有足够的信息也甘于铤而走险,结果损失惨重。

因此,经济学主流学派关于人性的“经济理性”的一般理解或假定,只是对人性本质的基本认定,而不意味着人真正能够“经济理性”地去面对和处理经济实践过程中的一切,最后达到耗费最小,利益最大化。经济学主流学派对人性的基本假定,是属于动机而不属于过程的,更不属于结果。通俗地讲,人有贪婪的本性(动机),却在贪婪的活动中,因对多种因素不能“完全理性”地面对,更不能“完全理性”地处理,结果无法实现贪婪的目的,耗费没有达到最小,风险重重,利益的最大化成为了泡影,甚至于形成对自己的严重损害。就此而论,当人只有“有限理性”时,追求利益最大化的愿望和冲动,就会在外部的财富积累出现无限可能的情况下,走向极端性的选择,疯狂的经济活动就这样来了。

金融危机正是这样疯狂活动带来的直接结果。我们说，金融危机之所以不可预测，更不可避免，就在于人性层面上的“经济理性”或贪婪只要有绝对张扬的外部环境，它就将转化为“疯狂激情”而不可理喻，它并无自我抑制的内在力量。恰恰现代社会赋予了这样基本人性规定施展的无限空间，现代货币数量积累的完全无边界性，成就了人性这种“疯狂激情”生成的可能。因此，要避免金融危机，就要消灭人性中的“经济理性”或贪婪之性，但这是根本不可能的。在人性的层面上，我们得到了金融危机不可避免的一种“解释”，无可奈何地充满着悲情色彩。

回过头来，我们看看十年前的亚洲金融危机。

在技术层面上看，世界上金融投机游戏的巨鳄嗅觉灵敏地发现了亚洲货币体系中的巨大漏洞，随即展开市场攻击得手。他们玩的是金融市场上一种货币对另一种货币的投资买卖游戏，短短的时间里，就将泰国的货币价值拉至极低，而让外国的货币价值炒至极高，进而带来了亚洲邻国的货币恐慌。大量借有外国货币的亚洲国家在外国债权人抽走货币资金，或是被迫不得不偿还价值升高的外国货币时，国家的外汇储备迅速被掏空，甚至于出现居民贡献黄金等硬通货来偿还对外债务的情况，本国的货币就贬值得如同普通纸张一样了。金融危机就这样从一国到另一国蔓延开来，制造出了震惊世界，更让亚洲许多国家许多年还无法走出金融深渊的悲惨一幕。对此，我们可以批评亚洲一些国家的金融和银行体系不完备，批评投机巨鳄的乘人之危，批评国际货币基金组织的拯救不力等，但这只是技术性的问题而已。

当时，亚洲各国的货币体系已经是货币数量的虚化相当严重，连同一些国家政府体制和政府官员的腐败，国家财政之力虚弱，外汇储备不多，货币价值脱离了市场定值，而且，相关各国又与国际金融市场已经有了直接的连通，货币体系时刻都有被攻击的可能。如泰国货币泰铢的市场价值就已经较低，官方却还在维护一种固定的价值水准，市场压力下的危机迫近一触即发之际。在这样的格局下，就是世界上的投机巨鳄不乘人之危，这种货币数量的无边界性扩展带来的货币价值低下，迟早也会带来一场金融危机。事实上，有些卷入这次金融危机的国家，并没有直接受到投机巨鳄的攻击，而只被牵扯进来陷入危机之中的。从这些情况看，这次金融危机的发生，是亚洲各国当时并没有清楚地认识到本国货币数量的虚化问题造成的。

然而，深层的问题在于，受到人的"经济理性"的推动，亚洲这些国家并没有对当时货币体系进行改造的动力，甚至于没有对其货币体系认真加以分析和理解的动力，如一些权力群体就享受有固定货币价值的特殊好处，又如那种不透明的财政和货币体系让一些政府官员能够得到相当的"灰色收入"等，他们不可能考虑改造如此的货币体系，从而为投机巨鳄的进攻留下了空间。当然，包括投机巨鳄在内，在人的贪婪本性驱使之下，别说亚洲各国留下了进攻的空间，就是没有留下，他们也会去创造这样的空间来发动进攻。可见，十年前亚洲金融危机的不可避免性，同样在于人的"经济理性"决定了亚洲这些国家没有自我改造货币体系的动力，而外在的投机巨鳄又一定有发动攻击的"疯狂激情"，两相结合，如此的金融危机想不发生都不可能。就是对金融危机实施拯救对策的国际货币基金组织，也有了人格化的"经济理性"——强调自身的目的和利益来实施拯救，强制地要求被拯救国完全按照国际货币基金组织的设计来改造财政和金融体系，结果在危机的早期出现拯救的重大偏差，让一些国家陷入到了更深的危机之中。

“事后诸葛亮”是一道让人乐观的光线

尽管人类社会的金融危机不可预测而总是在发生，人类却从未放弃过试图通过预测来阻止它发生的努力。在一次又一次对金融危机的理解和解释中，人们顽强地寻找着某种未来金融危机可能发生的逻辑，提出理论，提出警示，有时甚至于提出具体的技术性对策。基于人的“经济理性”和现代社会货币财富数量积累的无边界现实，我们只能悲情地判定，这种“事后诸葛亮”很难有预测之功。

但是，我们却不能不看到“事后诸葛亮”的警示之效，它在金融危机（不论是通货膨胀还是资产泡沫带来）这堵灾难的大墙阻止住了人类无限贪婪的“疯狂激情”，从而让人们回到一个相对适度行为区域的格局下，在人们的内心里重新演示了金融危机的逻辑，并在人们的内心重新构建了这堵灾难的大墙，进而激发出了人们内心相当强烈的警示之力，添加了一定程度约束贪婪属性的心理或精神元素。正是这样的心理或精神元素，使得人们的行为有了某种自我的主动、自觉约束，它对于金融危机出现的频度和深度，应当有一定的缓和作用。我们说，“事后诸葛亮”也是诸葛亮，它是一道让人乐观的光线，就在于此。

翻开人类社会的发展史，人类社会的活动大体沿着两条路前行。一条路是所谓的制度和技术变革之路，即从制度上通过建立或完善某种新的强制或非强制规定，从外部来激励或约束人们的行为，或是通过技术创新，以标准化、规则化和权限化来规范或掣肘人们的行为。另一条路是所谓的内心反省和约束之路，即从人的内心催化出某种意识形态的东西，或称之为道德的东西，通过人自觉、自愿、自动的约束选择，达到行为的适度性。在某种意义上讲，前一条路是知识性的解决问题的办法，制度和技术都可以凝结为知识，为人类的行为提供知识性的行为管理和控制；后一条路则走的是信仰之路，通过人内心的警惕、对痛苦的记忆、反省和觉悟，形成某种约束性的意识，进而约束人的行为，再普遍化成社会性的活动影响。

在对待金融危机的问题上，在我们对数不胜数的“事后诸葛亮”之作进行整理时，我们看到了太多的逻辑分析过程，看到了太多的制度和技术改善的建议内容。这些是重要的，重要到它们甚至于已经阻止了某些可能发生的金融危机，尽管我们并不能够肯定，这些金融危机在没有这些制度和技术改善的情况下一定就会发生。不过，在我看来，更重要的在于，这些关于金融危机的逻辑分析，包括由此而来的制度和技术改善建议，本身就含有相当成分的警示在内。毕竟它们展示了灾难的一切，痛苦的一切和许多无法再重来的“过去辉煌”的一切，并且从逻辑上演示出了某种可能的不再重蹈覆辙的前景，让人们在痛苦的记忆里，带着对美好未来热切的期盼，从心灵深处自我地划出一道心理的界线来，自觉、自愿、自动地约束自己的行为。

但仅仅靠这些还是不足够的。以往金融危机的逻辑展示，未来金融危机可能发生的逻辑分析，以及制度和技术改善的建议，只有间接警示的作用。我们还需要直接的警示呼吁，需要直接诉诸于人的心灵的道德启蒙、体悟、反省和自觉的自我批判，从人性的基本层面，对“经济理性”或是贪婪之心的下意识约束，努力去逼近一个人人内心相对自我有控的社会整体心理状态，最终达到整个社会人们活动的相对平和来对抗未来可能发生的金融危机。

毫无疑问，这种直接的警示呼吁，即便是获得了最为完备的响应，甚至于成了宗教信仰意识形态，也不能够灭绝人类的贪婪之性，我们不必对此讳言。但它的确有抑制贪婪程度的价值，而且其作用通常要大于那些间接的警示方式，因为它直接深入到了每个人的心灵之中。诉诸于这样的直接呼吁，加上制度和技术的改善，我们有理由相信，未来金融危机发生的频率和程度应当会大为减少的。

令人仍然不得不充满悲情的是，十年前的亚洲金融危机带给我们制度方面和技术方面的变革是巨大的，但人们从这次金融危机而获得的内心反省和觉悟，似乎没有什么变化。这有人性本身的顽固性，同时也有人性自我教化的严重不足。在我读过的大量关于亚洲金融危机的著作中，涉及到直接诉诸于人性层面并提出道德教化的作品几乎没有(也可能是我读书的选择范围不够所至)。我们说，“事后诸葛亮”有某种让人对未来乐观的价值，不是仅仅就制度和技术层面来说的，还有内心信仰层面的内容。我显然更看重后者。

就在我写这篇文章的时候，美国住房抵押次级债市场出现了重大危机。虽然美国等国家协同采取了一些制度和技术层面上的措施，暂时地避免了一场可能由此而引发的世界性金融危机，但我敢说，这场危机并没有过去，因为美国次级债市场危机只是间接地给予了人们某种警示，人们也相信制度和技术层面上的努力可以避免金融危机的大面积发生。正因为人们在内心上贪婪，并没有通过一次又一次危机的到来得到自我的反省和约束，下一次危机发生，特别是更大规模的发生，就一直在累积之中。我所唯一不敢肯定的是危机发生的具体时间。

亚洲金融危机发生已经十年了。

我点燃一炷香,写下此文,祭它。

为了记起,为了不忘记,为了在人们的内心增加些许直接的警示。

(**陈彩虹** 文,原载《书屋》2007 年第 12 期)

白领的社会经济学

(一)衣着背后的社会排斥与社会分层

提到白领，我就想起我一位学界朋友：在上世纪八十年代中后期，他就致力于经济改革研究，参加了著名的“莫干山会议”;九十年代初中期，他参与了海南著名的洋浦开发区工作，担任部门要职；九十年代后期至今，他转而从事国家战略产业研究，是非常资深的专家，最近还担任了中国大飞机项目论证组成员。但他为人十分低调朴素：夏天所穿的衬衣总是很皱，磨得有些发毛的领口有时被汗渍染成了黄褐色，再配上一双军用黄胶鞋，形象就与我们的民工兄弟差不多。2002 年我邀请他参加我供职的单位召开的一次会议，因为走岔了路，我没有接着他，他直接去了会场，结果被拦在了会场外遭到盘问。后来，仍然有人问我请的到底是什么人：“你看别人都西装革履，他怎么这副打扮？”我当时想动怒，后来只是无奈地说了句：“别人当然可以穿得比他体面，但永远达不到他的学术与思想境界！”

我自己也遇到过这样的事：因为职业的原因，我上班一般穿工作制服，下班就穿很休闲的衣服。说起来可能有人不相信，一直到 1997 年那年我都没有置一套西装以及与之配套的白衬衣。但有一回被难住了：我兼职的一个学术单位邀请我参加在人民大会堂举行的一个年度会议，因为一位领导同志最后要接见，所以邀请函上明确写明男士必须穿所谓“正装”，即西装配白衬衣打领带。万般无奈，我花钱买了一件像样的白衬衣，借了别人一套西装，算是蒙混过关了。

最近还在报刊上看到这样一则新闻：即将毕业的贫困大学生找工作时，即使吃不饱饭，也要抠出费用买一件好的白衬衣。白天穿着这件衬衣到处递简历赶面试，晚上赶紧洗好晾干，第二天再穿。为了保持领口鲜白，有的学生还特地买了数个假衬领，出门前就换一条。按这些大学生的说法：没有一件像样的白衬衣，有的单位连门都进不去！

这些事一度使我很困惑：中国人不是讲“内在美”吗？可外在的衣着为何如此重要呢？后来接触了社会经济学中关于“社会排斥”的理论，就不再奇怪了。

“社会排斥(Social Exclusion)”理论最早可以追溯到亚当·斯密。在《国富论》中，他认为，贫困的可怕之处不仅仅是缺少生活必需品，更可怕的是因此导致的被排斥在社会生活之外。比如，在英国，社会风气已使甚至处于社会最底层的人觉得如果不穿皮鞋就无法在公共场所露面，于是，没有皮鞋的人就实际上被排斥在社会生活之外。实际上，不仅穷人因为没有皮鞋而不敢进公共场所，连一般人也因为买不起晚礼服而进不了贵族活动的领地。如此这般，由不同的衣着划分了社会中不同人群的活动领地，而不同的社会领地又人为地把人群分成了三六九等，这就有了社会分层。

就这样，衣着与人的社会定位联系在了一起，竟然成了社会分层的标志：什么样的衣着打扮对应什么样的社会阶层。黑领是在最底层干着最肮脏最繁重工作的贫民，他们中很多仅靠临时性就业维持生计，因而他们衣服的领口通常是被汗渍与污垢染成了黑色；蓝领是在工厂日复一日被固定在生产线上只能被动按照机器的节奏工作、从而"被异化了"的无任何自由可言的产业工人，蓝灰色的工作服与工作帽成了他们的身份特征；我们现在所讨论的白领，则是由政府公务员、职业经理阶层、医生、知识分子、资本市场从业人员、推销员等构成的所谓"自由职业者"，在公众场合，他们永远是西装革履，扣得很严实的白色衬衣一尘不染，笔挺光鲜；而高居社会阶层顶端的被称为"金领"：金色倒不是指他们领口的颜色，而是指他们的财富积累之多。于是，在资本统治的世界中，"衣着打扮成了使万物各守本分的灵符"（狄更斯语）。

正因为"白领"是这个社会中所谓受到过高等教育、有良好的私人素养、工作自由度较大、收入相对较高的中产阶层标志，因此，你的领口是否足够白，就成了能否进入"中产阶层"领地的通行证。你想成为政府公务员、企业经理、高校教师、研究人员、银行职员、医生、保险推销员、新闻记者编辑，首先要能进入这些人员活动的领地，"白衬衣"就成了通行证！

据经济史学家海尔布鲁纳“考证”:美国最有名的大富豪罗杰斯与老洛克菲勒年轻时也曾是穷光蛋,但他们有的是发财梦。而要发财的第一步,当然首先是能接近富人。尽管他们非常穷,有时吃了上顿愁下顿,但即使借钱也要讲外表上的排场:除了衣着要很得体之外,在某些社交场合,他们为了显示阔绰,甚至也用百元钞票卷着烟丝抽!这一故事应该可以为我们那些同样渴望成为企业领袖或白领的中国大学生提供些许安慰吧。

不过,我始终认为,当我们社会中已经成为白领的人士在为自己的社会地位而自骄时,当我们社会中那些还没有成为白领的人士渴望自己的社会地位能更上一层时,我们难道不应该首先怀疑这样一个以衣着划分出社会阶层的社会是否正常吗?

我相信我们很多人都认为不能凭衣帽取人。但我们很多人却这样做了。看来这没有办法!还是马克思讲得对:是社会形态在决定社会意识,而不是社会意识在决定社会形态!

(二)白领的身份焦虑:无根的一群

我曾经被一位“白领”朋友拉入过某城市的一个主题餐厅。这餐厅模仿的竟然是监狱的管理。进去的人按自己的意愿被戴上手铐脚镣,被装扮成监狱警察手里拿着皮鞭等刑具的服务员吆三喝四任意摆布。在这个我觉得会令正常人不安甚至窒息的环境里,我发现了那些“白领”竟然十分受用:其中一位女性白领在号啕大哭中吃着所谓“监狱相思饭”。事后说自己终于完全放松了,明天又可以以新的面貌面对工作了。

一位心理学朋友告诉我，这些到监狱餐厅用餐的白领，都或多或少存在心理问题，这种心理问题直接表现为他们觉得生存空间与生活环境对个人的逼压。他们进入模拟监狱，就是对这种精神受逼压的一种物理确认，然后再通过自身进入被监禁者的角色后的情绪放纵，而将受逼压累积的不满尽情发泄出来。这就是监狱主题餐厅受到白领青睐的重要原因。

实际上，除了这种监狱主题餐厅之外，现在的城市还为白领阶层准备了各种其他发泄的场合：包括群魔乱舞的迪厅、情调暧昧的酒吧甚至还有供白领发泄心头怨恨的真人击打场所。

我在“百度”搜索中填入两个词“白领”、“心理问题”，出现的网页多达二十二万三千个；再填入两个词“白领”、“自杀”，出现的网页竟多达一百八十三万个。有一份报告称，在上海，白领感觉有压力的占总人数百分之六十七，因压力大考虑过自杀的高达百分之二十三！

那么，从经济社会学的角度看，“白领”们的心理压力到底来源于何处呢？我称之为“身份焦虑”。

“白领”第一次被作为社会经济学研究对象被系统地予以研究，应该归功于C·怀特·米尔斯(C.Wright.Mills)。在其名著《白领——美国的中产阶级》的开头，他就这样描述白领阶层：“这些人的内心是分裂的和支离破碎的；在外部的生活中，他们要依附于更强大的势力。纵使他们得到了行动的意志，由于缺乏组织性，其行为与其说是一场运动，倒不如说是由互不关联的竞争交织成的纠纷。作为一个群体，他们对任何人都没有威胁；作为个体，他们的生活方式很难说有什么独立性。”

这段话点明了白领在经济社会中面对的现实：白领是社会中最没有

归属感的一群。

首先，白领阶层中的大部分，在经济社会地位上是依附于比他们地位更高的阶层的。在工商企业界，经理阶层依附并听命于大资本者；"在政治家的身旁，他们是系着领带、拎着公事包和计算尺的口齿伶俐的领薪水官员"；而在高校与研究机构从业的知识者，其地位也同样取决于其他人的评价。至于推销员这样的角色，更是要看客户的脸色行事。

可能有人会说，蓝领产业工人在经济上更加依附于资本者，白领阶层应该不算这个社会中依附性更强的。

但是，有两个社会学现象值得注意：第一，我们常常听蓝领工人骂白领是资本者的走狗，我们何曾听过白领认为蓝领会成为资本者的走狗呢？第二，某位"白领"经理刚对着工人骂骂咧咧，一转身被老板骂了个狗血喷头，回个头来还要在偷着乐的工人面前表现出"老板很赏识我"。

对于这种现象，米尔斯这样解释：白领在经济社会地位上尤其在心理上对别的阶层的更大的依附，首先表现为白领人员比蓝领人员更不能自主地控制自己的工作。生产线上的工人，他的操作是固定的，他只要跟上机器的节奏做好属于自己的这部分操作就行，这使他与其他人在工作性质上的依赖其实很低；而白领人员完全不同，他们的工作表面上自由度高一些，但每一项工作几乎都来自于他所服务的对象的命令。

此外，使白领变成心理上更大的依附的更为重要的原因，是白领人员所做的工作结果更加依赖于外在的评价，这使得"白领的工作和最终产品之间几乎没有直接联系"。当一辆汽车从企业投放到市场上去时，蓝领工人知道哪一个螺丝是他拧上去的，哪一个轮胎是他安上去的。与此同时，蓝领工人一般是固定工资工人，在雇佣期间他做好了他的生产线上的工作就不必担心上面的评价。而与此完全相反的，白领并不知道他与这辆汽车有何具体的联系，他的工作绩效只能取决于上级的评价。现代公务员制度中，低阶的公务员也取决于上司的评价；而知识分子的工作更依赖于外在评价，如果在同行中得不到好评，在读者中得不到反应，他所有的付出都是白搭。

如果要用一句话概括白领的这种依附性，可以套用一句老话：白领是“皮上之毛”，常常不得不面临“皮之不存，毛将焉附”的窘境。农民的根在土地，蓝色工人的根在现代企业，而土地与现代产业是恒常不变的。只有白领阶层根植于其他人群，是变动不居的。因而，白领是社会中最没有独立性的阶层。

因此，尽管表面上看，白领的经济社会地位高于蓝领产业工人以及农民，但由于以上两个原因，使得这个阶层出现了“文化意义上的更高的依附”；这种依附让白领的安全感与保障感普遍低于蓝领产业工人及农民，这反过来又使得白领总是企图更紧地依附于为他(她)提供了白领地位的“主子”。

米尔斯在著作中还这样描写白领的“主体意识丧失”。白领为了更紧地依附于其“主人”，“不仅需要出卖时间和精力，同时还要出卖人格。这些人以周或以月为单位出售自己的微笑和友好的表示，他们必须时刻约束自己的愤激和冒犯倾向。他们是新型的马基雅维利式的小人物，为了受雇于他人并为他人创造利润，他们可以按照那些把他们踩在脚下的人制定的规则来训练自己在风度方面的技能”。而“奴才”的形象也就是这样“练成的”！

问题在于"主子"并不总会领"白领"的情。往往在这种情况下，身份焦虑就出现了："我是谁？我属于谁？我工作的意义到底是什么？"而所谓压力，也是在确证自我身份过程中必须依附于他人而不得不超出自己正常能力范围去听命于他人，承担起那些找不到自我且无法实现自我的任务所形成的。

正因为"白领必须承认他们的工作本身是没有意义的。他们完成工作时或多或少都会带有某种怨气"，所以"他们只能到工作之外的什么地方去寻找生活的意义"。柏格森曾这样描述过白领的这种心境："我们生活中的大部分时间都是在我们自身之外度过的，除了我们自己的幽灵、无色的影子以外，几乎感觉不到我们自己的任何东西。因此我们是为外部世界，而不是为我们自己活着的。我们谈话，但没有思想，我们在别人的操作下行动，而不是自己决定如何行动，但是只有自由地行动才能使我们重新拥有自我……"

既然白领"只能到工作之外的地方去寻找生活的意义"，"只有自由地行动才能重新拥有自我"，前面提及的那些专为白领设计的业余活动领地才如此受到白领的追捧，而白天是绅士淑女、夜晚是野兽魔鬼的白领形象才如此深入人心。

值得一说的是，白领阶层的身份焦虑除了来源于人格与文化意义上的依附外，还来源于对自身身份丧失的忧虑。当然，这二者是联系在一起的：正因为依附，才时刻面临被抛出白领这一阶层的危险，而被抛出的危险又再度增加了依附性。

实际上，在历史与现实中，有很多的白领在为着维护能穿"白衬衫"的体面而受尽艰辛，正如鲁迅笔下的孔乙己为维护读书人的尊严而整天穿着那件标志其身份的破长衫一样。

有一天我办公室里来了一位“不速之客”:推销纪念邮票的。虽然穿着白衬衫,打着领带,但一看衬衣与领带都很旧,起了皱。大概看出我对于这种上门推销流露出讨厌的表情,他竟然从挟在腋下的包里拿出几张俱乐部会员证,有些神经质地说:“看不起我是不是?要不是因为一笔生意被骗赔光了积蓄,又让老板炒了鱿鱼,我也是开着私家车到俱乐部打保龄球的部门经理呢。”我略带玩笑地回应了一句:“看不出来,还是高级白领啊。”他回答道:“车与房都卖了,就剩下白衬衣还证明我是白领!”

米尔斯在其著作中也曾经以工业化国家的文学作品为例,说明白领时刻面临被抛弃的可能性所造成的身份焦虑。汉斯·法拉达(Hans Fallada)创造了一个深受通货膨胀和经济萧条之害的簿记员形象。尽管宾尼贝格一辈子都在为维护其白领地位而奋斗,但最后还是和他的老婆孩子在贫民窟里结束了一生,留下了没有解答的问题:“小人物,现在你们该怎么办呢?”普雷斯特利(Priestley)在《天使之路》中描写了伦敦的一群受尽折磨而又得不到任何保障的白领职业者。这些人经受着生活的磨难:他们最渴望得到的恰恰是由于他们自身的状况而根本无法得到的。当然,最典型的还是乔治·奥维尔在《为了自由》当中,通过他笔下的波林先生——一个白领推销员,说出了或许能够代表白领共同的心声:“到处都有人在说工人阶级如何如何受苦的废话。我本人对此并不感到怎么难过……无产者受的苦是体力方面的,他不干活的时候就是一个自由人。可是在那些灰暗的水泥墙板隔起来的斗室里,却坐着一些终日得不到自由的穷鬼。这种人只能在梦里寻找那种把老板推到井底下去,再往他身上扔煤块式的自由。当然,我们这种人的烦恼主要还在于我们都有些患得患失。说到底，我们的烦恼来源于我们成不了资产者，却又不愿意当无产者！”

就这样，上不着天，下不着地，白领其实是这个社会中最无根的一群人。

（三）社会分化中白领阶层的历史使命及未来

然而，白领阶层当时在西方世界中的出现却被认为是一件大事。在二十世纪初叶，因为“白领”这一所谓“中产阶级“的崛起，西方政治学与社会学者曾经认为，穆勒与马克思描述的十九世纪社会已经瓦解，无产阶级与资产阶级之间的鸿沟终于被“中产阶级”填平了！新社会的轮廓已出现在我们曾经预言快要死亡的资本世界！

对此，米尔斯在其著作的开头就写了这样一段话：“正是在这个白领世界里，我们才能找到二十世纪生活的主要特征。由于他们在数量上日益表现出来的重要性，白领职业者已推翻了十九世纪认为社会应由企业主和工资劳动者两部分人组成的预测……他们是一群新型的表演者，在供他们表演的舞台上推出的都是二十世纪的主要剧目。”

白领阶层在中国的出现同样被中国学界看成是一件大事。

我参加过一个关于转型期中国社会发展的理论讨论会。在会下与一位社会学者有过深入的交流。在这位学者看来，中国社会发展的转型，即由传统的金字塔型向未来理想的所谓橄榄型转变，有赖于一个中产阶级的产生，而目前中国的白领阶层就是中产阶级的最初成员，尽管目前这批成员人数还很有限，但其在推动中国社会转型过程中的历史使命非常重大，而且也是基本力量。

与他持同样观点的还有一位老经济学家。他更是认为，所谓中产阶级，不仅仅是财富的标志，更是负责任的标志，而中国社会转型有赖于这一负责任的中产阶级的崛起。他也认为白领是中国的中产阶层。

由此看来，在一个因自由市场“马太效应”而出现贫富分化进而出现不同人群之间重大利益冲突的社会中，白领作为一个阶层被赋予了非同寻常的使命：整合阶层分歧，弥合阶层鸿沟！

白领阶层之所以被认为应该担当这样的历史使命，其原因可以用三个隐喻来说明：

一是“看门狗”。不可否认的是，白领的确受惠于市场经济与市民社会。市场经济给了他们施展才华的舞台，市民社会使他们享受到世俗给予他们的地位。米尔斯说过，这二者的结合，使得“他们可以不受干扰地对自己的能力形成深以为然的幻觉，对制度体系产生共同的信赖感”。即他们一般情况下是崇尚能力本位的，因而也对根据能力分配资源的正常的市场制度抱以欢迎的态度。而也正因为他们对市场如此信赖，他们的状况又更取决于市场正常运作的程度，所以他们对于类似权钱勾结、黑箱操作等等可能侵蚀正常市场体系的任何异常，也格外敏感与反感。但另外一方面，他们却能在更大程度上容忍一次分配中因能力不同造成的社会分化，更大程度上支持政府在二次分配中提供更倾向于弱势的公共服务。所以，白领阶层被认为是一个健康的市场经济的“看门狗”：当市场运作不健康时，他们会发出警告；当社会出现分化的趋势时，他们利用这一阶层自身更大的张力与弹性，仍然维持着共同体的存在；同时，利用自身的政策影响力，引导政府出台有利于社会整合的政策。

二是“螺丝钉”。从大的格局看，十八、十九世纪的资本社会被认为呈现出两大板块结构：一边是资产阶级，一边是无产阶级。两个板块之间的鸿沟使得社会也呈现出分裂的态势。而“白领”的出现就像是螺丝钉将两大板块拉近并拧在了一起。实际上，在任何一个阶层分化的社会中，“白领”都是连接断裂面的“螺丝钉”。有了这一阶层的缓冲，资本者再也不直接面对工人，而是通过与工人相对来说更为接近的白领经理与管理人员与工人集体谈判；政府科层制体系，也使得高高在上的政客可以通过中下级公务员接近百姓了解民意；知识人不再停留在“象牙塔”中间，可以通过文化市场中较低阶的“白领知识掮客”使知识、思想与观点更深入民众。白领填充了这个社会几乎所有的罅隙。也正因为这些“螺丝钉”的存在，社会阶层之间的冲突不再呈现出板块碰撞时的剧烈程度与颠覆性，而主要通过谈判与妥协达成“最低共识”。

三是“管道”。市场经济给每个人最大的“心理安慰剂”就是保存了每个人都有可能成为“人上人”的梦想。而白领阶层的存在在保存这一梦想中又发挥了最大的效用：因为白领被认为是每个小人物成为大人物的“管道”。白领阶层流动性强固然使得这一阶层本身出现“身份焦虑”，但却使更低阶的“小人物”看到了希望：当边上的“小人物”上升为“白领”然后经由“白领”进一步升为“金领”时，更多的“小人物”会认为自己也有上升的可能性；即使看到“白领”下滑到“小人物”时，更多的“小人物”也会认为，看来“白领”与我们所处的阶层并不远，因而我们上升到“白领”是可及的。在一个社会中，白领阶层越强大，“小人物”上升的“管道”就越为畅通，社会也因此更加有活力。而一旦“管道”封闭后，“小人物”因为意识到无法通过正常的途径成为“人上人”，一个阶层分化的社会同时将是一个分配性冲突激烈、充满暴戾气氛的社会。

然而，尽管在一个阶层分化的社会中，“白领”阶层的存在承担着弥合分歧、整合社会的功能，但如果白领人群在资本世界本身受到无尽的挤压，因而自身都不是一个自在的阶层更不是一个自为的阶层，“白领”就无法承担起这样的功能。而我们遗憾地看到，在西方社会中，由于新自由主义与全球化的影响，“白领”阶层正日益缩小。有统计表明，上世纪九十年代初中期，英美等国每年都有百分之十四左右的白领的确被抛向了社会底层。于是，连西方社会学家自己都承认：原来是左右翼都拉“中产阶级”为友，现在左翼理论家可以更理直气壮地把他们归为潜在的无产者一类。“让我们给卡尔·马克思捎个信：自由主义秩序下白领既不平等也不安全”！当然这也构成了西方左右翼政府更替的重大背景。

在转型期的中国，白领职业者悄无声息地步入了现代社会，无论欢迎与否，这本身就是市场化的一种结果。我们不必对这一阶层的状况做更多的描述，但我们知道目前中国白领阶层比任何一个阶层都弱小。米尔斯在上世纪五十年代描述美国白领阶层刚刚出现时的话也适用于中国当下的白领阶层：“他不清楚自己的过去，他的历史单纯得根本就谈不上有什么英雄业绩可言；在他的生活中从未发生过那种可以让他在困难的时刻加以留恋和回味的黄金时代。可能正是由于他根本就不清楚自己将向何处去，他的行为才表现得狂乱而匆忙；可能正是由于他不知道威胁着他的东西是什么，他对恐惧的反应才是迟钝的。”

中国的白领阶层在分化的社会中同样“两头不搭”：当人们说到弱势群体时，白领似乎是强势；但当人们说到资本与权贵的强势时，与白领阶层其实没有什么关系。

但现在，我们也要建设和谐社会，所以，学界同样也寄希望于“白领阶层”能“搭上两头”，同样起到“螺丝钉”与“管道”的功能，以弥合这个社会中已经出现的分化。从这个意义上讲，在最后达到无阶层社会之前，善待“白领”阶层，使之发育成熟并壮大是一个“不得不”的选择，而白领阶层本身也任重而道远！

（**卢周来** 文，原载《书屋》2007年第9期）

南堡油田如何影响中国中长期石油战略

近期国际油价一路走高，8 月 1 日盘中更是一度站上了七十八点七七美元的历史高位，油价上涨，对中国经济的影响有各种说法，但多付钱是直观的。另一方面，中国的石油对外依存不断上升，石油安全对于中国越来越重要了。

2007 年 5 月 3 日，中石油宣布在渤海湾滩海地区发现地质储量规模达十亿吨的冀东南堡油田。一时间，冀东南堡成为全球财经媒体评论的焦点，如“这一发现无疑将缓解中国不断增长的石油需求压力”，“石油大发现增强了中国的信心”，“成为中国石油工业发展史上的又一个里程碑”等等。南堡油田无疑是四十多年来中国石油勘探的一个激动人心的发现，毕竟无论国内或国际，发现如此储量规模的油田越来越不容易了。但是，从量上看，南堡油田的发现不足以改变中国石油中长期的紧缺局面，也不足以影响中长期国际石油价格走势。那么，它对中国的宏观石油战略会有什么影响呢？

中国的宏观石油战略可以简单地概括为："开源节流"加石油安全。

南堡油田的发现对于中国石油战略的一个重要影响是，它将极大地鼓舞石油"开源"，即对油气勘探开发更大的投入。这说明了中国石油安全不仅要重视"走出去"，也要重视国内的勘探开发。渤海湾地区油气勘探开发已有四十多年，今天才发现南堡油田并非偶然。有人将其归结为科学决策、技术进步、组织有力、理论指导等因素，但关键是更大的勘探开发投入。近年由高油价获得的丰厚石油收入使石油公司可能对油气勘探开发有更大的投入，也更舍得投入。

据说，由于渤海湾地区地质结构复杂、勘探水平不足，以及对滩海地区的地质条件整体认识的误区，勘探队与油层多次擦肩而过。在过去三十多年中，对南堡油田的开发一直遭遇各种挫折，直至2002年在中石油支持下才成功发现。按中石油的说法，三年来共投入五十七亿二千万元人民币用于该油田的勘探开发。

因此，南堡油田的发现将为更多的石油勘探开发投入提供实践依据，也将为更大规模的石油勘探开发增强信心。例如，中国石油化工集团公司（中石化）近日宣布，将投资近亿元"求解"塔里木大型油气勘探难题。南堡油田的发现说明了勘探开发投入的重要性，肯定了中国石油勘探开发的能力，配之于油气勘探开发体制的改革，就可以预见到中国石油储量的提高。

那么，南堡油田的发现会影响"节流"吗？如果南堡油田的发现能引起公众对石油量的考虑，它就会说明一个量的问题：即使是四十多年一遇的大油田,但与快速增长的中国石油消费量相比,仍然是很弱小的。石油地质储量不等于可以开采出来的量。南堡油田十亿吨的地质储量实际能开采出多少,取决于探明储量和采收率(可能开采的石油总量占储量的百分比)。南堡油田地质储量十亿吨,探明储量可能仅有四亿多吨,如果没有进一步的发现(应该会有),有专家估计按照平均水平百分之四十的采收率计算,只能采出一点六亿吨。对于南堡油田的量究竟多少,目前众说纷纭。无论如何,即便十亿吨都能采出来,相对于现在和将来的石油消费量,也还是一个不大的数字。因此,重要的是对量的充分理解。并且,由于充分理解而产生危机感,成为节能的动力。

2005年,全国石油消费量达到三点二亿吨,比2000年净增零点九四亿吨,年均增长一千八百八十万吨,平均增长速度达百分之七点三。2006年,这个数据上升到三点四七亿吨,国内原油产量为一点八四亿吨,同比仅增长了百分之一点七;石油净进口一点六三亿吨,同比却增长了百分之十九点六;石油对外依存度已达百分之四十七,较2005年提高四点一个百分点。截至2006年底(南堡油田储量发现之前),全国石油剩余经济可采储量只有二十点四三亿吨,石油储采比为十一(反映目前国内剩余石油资源在当前生产能力下可供开采的时间)。

相对于2006年三点四七亿吨的年消费量，目前南堡油田的储量不是一个很大的数字,动态地看,这个数字就更小了。据说,南堡油田年产量预计到2012年可达到一千万吨。按目前石油消费的增长速度,届时中国的石油消费量可能达到四点四亿吨,石油进口依存度可达百分之六十(国际能源署IEA的预测是2010年中国石油对外依存度将达到百分之六十一)。

从最近的情况来看，中国石油的消费增长依然很快。中国海关总署近日公布，2007 年 4 月份原油进口量较上年同期激增百分之二十三，创单月历史新高。而 1 至 4 月，原油进口总量为五千四百四十六万吨，日均进口量合三百三十三万桶，较上年同期又增长百分之十点八。当然，原油进口量的短期数据不能完全反映石油需求增长，其中还有石油战略储备的因素。但是，它说明了 2007 年的石油需求增长仍将不减。

因此，国际原油价格的波动将会更大地影响中国油品以及相关生产资料的价格，甚至影响整个宏观经济运行。中国必须尽快建立充足的石油战略储备。要认识到，类似于南堡油田的发现只能在一定程度上缓解中国的石油压力。除非找到适合国情的石油消费方式，现有的石油“开源节流”很难改变中国石油供应日益紧张的趋势。

南堡油田的储量有益于中国的石油安全，但作用不能夸大。中国人均石油消费远低于世界平均水平。2005 年，中国人均年石油消费为二百四十二公斤，世界人均为五百九十公斤，美国则达三吨多，日本也有一点九吨。中国的人均石油消费只要达到目前的世界平均水平，其石油消费总量将达到六点五亿吨。如果中国的石油产量仍保持在一点八亿吨的水平，届时中国石油进口依存度将达百分之七十二(国际能源组织对此的预测是在 2020 年之前)，超过目前美国的石油进口依存度(百分之六十三)。从消费量、消费增长量、进口依存度的快速增高，石油储采比快速下降；相对单一的石油进口源(中东百分之五十以上)和相对单一的石油运输线(马六甲海峡百分之六十以上)等等的石油现状和预期来看，中国的石油安全将日益脆弱，而且弱化速度比较快。

减少石油进口依存有两个途径：增加国内石油产量，或者减少石油消费。如上所述,我们希望南堡油田的发现将对二者都起作用。但是,就对中国石油安全的影响来说,重要的一面是如何将南堡油田的产出纳入中国的石油战略,而不是中石油的企业发展战略,这就是什么时候开采和以什么速度开采的问题。

有人提出,发现和开采南堡油田的好处也该让普通老百姓分享。事实上,南堡油田是中石油勘探发现的,中石油是国有企业。南堡油田的发现对普通老百姓肯定有好处,其表现形式可能是石油安全、价格、或财税开支等。问题的关键是,如何从石油安全的高度来最大限度地实现南堡油田的效益。

据报导,冀东南堡油田是一个整装、优质、高效油田。储量规模大、油层厚度大,单井产量高、储量丰度高,一次井网采收率可达百分之四十,而全国除大庆油田之外的该指标平均水平为百分之二十五至百分之二十六。而且,由于该油田属于储量集中、产量高的滩海油田,易于建设开采,如果全线规模开发,七至八年即可完成。如果南堡油田经充分论证真的是"整装优质油田",有这么多优点,是可以把它作为战略油田,成为石油战略储备的一个补充,把石油储存在地下,平时不开或少开,需要时开采或提高产量。

(**林伯强** 文,原载《书屋》2007 年第 10 期)

节能减排的动力和机制

由于社会经济问题的特殊性，目前中国的经济增长结构和能源消费是经济发展目标和过程的必然。相对于有限的资源，能源需求巨大而且增长过快，与能源相关的环境问题已经到了不能容忍的地步。因此，节能减排就是一个发展的首要问题，这就是目前节能减排的基本动力。中国政府清楚地认识到了上述问题，在2006—2010年的“十一五”规划中，明确提出“能源强度”和减排目标，要求每单位国内生产总值的能耗要比2005年降低百分之二十，主要污染物减排百分之十。这是规划中很少的具体量化目标中的一个，表明中国政府已下定决心真正来解决能源和环境问题，节能减排已被摆至前所未有的战略高度。

虽然人们已经意识到目前的能源消费和污染不可持续，并且对降低能源强度给予了高度重视，但是，调整目前的经济增长方式可能需要较低的GDP增长和较慢的城市化进程。即使政府愿意这么做，期望在五年内实现工业结构调整仍然很难。政府积极促进节能，目前低能源价格政策和能源市场缺位增加了节能减排的难度。而且，所有现在倡导的降低能源强度的措施都需要时间去实施。因此，实现“十一五”规划的能源强度目标可能比较困难。事实上，2006年万元国内生产总值(GDP)能源消耗比上年仅下降了百分之一点二三。实现五年内降低消耗百分之二十的目标，显然任重道远。

在工业结构一定的情况下，能源强度问题可以通过供给和需求两侧的节能来解决。三亿人口的城市化进程是一个巨大的挑战，也是一个重大的机遇。如果在城市化进程中能为这些人口提供能效更高的住房和交通设施，将有利于节省大量的能源消耗。在按照国际最好惯例来提高和加强建筑设计和能效标准方面，政府应该可以起主导作用。将住房和公共交通能源效率纳入到城市和郊区建设规划中，就是一个很有前景的领域。在节能领域，政府还有很多其他事情可做。比如，鼓励各级各部门提高能源效率，制定和实施严格的工业技术标准、建筑标准和污染排放标准，以及加强监管和实施机制。

在能源消费水平一定的情况下，环境污染可以通过利用清洁能源技术来解决。但是，高煤炭消费、对煤炭生产和运输的巨大需求，以及众多煤炭基础设施，仍将是中国经济的主要特征。由于石油和天然气储量有限，进一步开发水电资源的潜力也有限，中期内改变以煤为主的能源结构显然不可能。但是，中国远没有发挥利用清洁能源的潜力，包括核能和其他可再生能源。

无论从哪个角度讨论节能减排，都意味着资金投入。2006年初，政府安排国债和中央预算内投资六十三亿元人民币，中央财政预算安排五十亿元用于支持节能减排，加上近期增加的一百亿元财政资金，今年用于支持节能减排的资金已累计达二百一十三亿元。其中用于十个重点节能工程和节能管理能力建设的资金为九十亿元，是去年的十三倍。但是，相对于政府设定的“十一五”期间单位GDP能耗下降百分之二十左右的目标，以及目前高耗能、高污染行业增速仍在加快的逆势，二百一十三亿元节能减排资金还是不够的。

能源替代理论(energy substitution theory)以微观生产理论为基础，研究整体经济或制造业部门的能源、资本和劳动之间的替代关系。它可以告诉我们，能源和其他生产投入要素在多大程度上能够替代或互补。替代是能源经济学的一个基础问题，包括能源的内部替代与外部替代。内部替代研究能源产品之间的替代性，如石油与煤炭的替代；外部替代研究能源与其他投入要素的替代性，如能源与资本的替代性。替代涉及投入要素的最优配置，而环境问题的外生性则影响资本对能源的替代。许多研究对各国能源替代进行过估计，但结论不尽相同。有些认为资本和能源具有替代性，有些则认为资本和能源具有互补性。能源和资本可替代的原因在于，随着能源价格的提高，节能技术大量使用，节能资本的投入使能源消耗下降，因而两者表现为替代关系。有学者估计了中国制造业中能源、资本和劳动的关系，发现能源和资本之间存在很强的替代关系。

随着节能减排成为近期政府宏观调控的重心，对节能减排一时众说纷纭，出现种种政策建议和讨论。关键其实还是能源替代理论所讲的道理，即节能必须投入，以资本替代能源，包括技术革新和提高能源效率；

节能必须对企业和个人都具有财务意义，才能真正有效。行政调控“一刀切”式的节能减排措施可能短缺有效，但往往伴随着巨大的成本。因为，它无法把握“量”和缺乏转换的协调，且容易受到各种即期宏观因素的影响而常常是长期无效。

一般都认为，企业尤其是国有企业承担更多节能减排的社会责任是理所当然。但是，理论和实践都证明，依靠企业自觉兼济社会责任来实现节能减排是靠不住的。长期以来，中国的能源战略是“节能开源”，节能为先，可见节能一直放在重要位置，现实情况是，节能“运动”一直以来成效甚微，值得重新思考。

节能减排项目具有很强的社会效益，但在开发初期投资大，即期经济效益不确定。因此，投资存在一定风险。国际经验表明，支持节能减排项目的实施，需要政府财政的介入。目前中国以政府为主导的节能减排项目融资方式主要有：从财政预算中直接资助，或拨出节能减排专款；从资本市场筹措资金（如发行政府债券）；将以往节能减排项目节约的经费直接用于新项目投资；节能减排鼓励性贷款；节能减排国际资助等。

在节能减排方面，政府过去一直沿用计划经济模式，靠行政命令来推动企业开展节能减排。随着向市场经济的转变，政府财政职能的转变实际上导致了近年来政府对节能减排的优惠政策越来越少，1998 年以后节能基建和节能技改专项贷款相继取消。其实，完全依赖政府投入容易造成投资渠道单一、结构失衡，节能减排确实需要政府、企业和个人三方共同努力。目前的问题是过分依赖政府，企业和个人投入不足，社会资金基本上没有得到利用。节能减排成了政府单方面的行为和责任，它阻碍了节能减排的进程。当前节能减排项目资金主要来源于政府推进的示范工程和企业自筹资金，点多面少，资金量小，项目效果不近人意。一些省市虽然利用财政资金支持节能减排项目，但资金保障程度较低，资金无法滚动使用，同时资金和项目也不能做到公开、公正，没有形成一套完整的项目评价监督体系，致使资金的利用效率偏低。

国有银行也参与了节能减排项目的融资。商业银行通过合理的风险评估，给潜在的投资回报率高的项目发放商业贷款，通过市场运作机制获取可观的节能量和经济效益。国家开发银行的参与则可以在考虑回报的基础上，为节能减排项目执行企业提供低息贷款，保证项目的顺利实施。然而，在参与节能减排项目融资方面，银行态度并不积极。究其原因，银行在参与节能项目融资方面确有其客观困难，主要是商业银行在业务筛选上以“盈利性、安全性、流动性”为经营目标，最终落脚点则是项目的盈利状况，经济利益压倒一切，较少考虑节能减排项目的社会效益。国家开发银行虽然以执行国家的特定政策为目标，但其运营也接近商业银行的经营理念。

此外，银行对节能减排项目的服务仅仅依靠传统的贷款模式，服务能力和水平比较低，缺乏必要的融资工具和金融产品，对节能减排项目发放贷款客观上又存在着不能形成规模经济和信息不对称问题。与其他项目相比，节能项目需要的每笔贷款数额不大，这导致银行贷款单位经营成本及监督费用上升。节能项目还没有形成真正意义上的产业规模。就单个节能技改项目而言，投资规模小，项目种类多，专业性强而分散，项目评估模式难于复制，银行对节能项目的放款经验不能重复使用，项目评估、审批、跟踪等成本难于降低。在贷款市场竞争并不充分、供需矛盾突出、银行放款渠道选择性很大的情况下，银行自觉介入节能减排项目的机会成本很高。对于节能减排项目的贷款,银行面临增加成本或增加经营风险的两难选择。为规避经营风险和降低经营成本,银行常常做出不对节能减排项目融资的选择。

目前,在节能减排项目融资领域中,除了传统的政府财政投入和国有银行融资,还有无政府参与的股本融资和租赁融资等新的融资形式。

实施节能减排的企业对项目的盈利能力进行分析后,可以出让股权的方式募集资金。例如,通过发行股票来募集资金,交由专业人士组成的项目管理机构运作,将资金分散投资于不同项目,投资收益按出资额分成。这种方式可将众多小额资金汇集成巨额资本,集中社会闲散资金转化为生产资本,使广大中小投资者能够参与节能减排项目的投资,分享相应的投资利益。同时,投资活动由对节能减排投资有专门知识和经验的专业人士负责,并且通常是进行组合投资,因此能规避某些投资风险。

上述方式可以完全依靠市场来募集资金。缺点在于投资方很难获取相应信息,寻找到合适的投资项目。一方面,由于节能项目牵涉面广、工作量大、耗时长、难度高,专业化程度强,投资人对项目的了解成本也会较高;另一方面,存在节能减排项目融资的信息不对称,投资人缺乏低成本获取项目技术经济信息的渠道,也很难获得有效的信息来分辨项目的好坏。另外,国内现行法律的一些规定对推行这种方式也很不利。

目前, 租赁融资在国际资本市场上是仅次于贷款的第二大融资方式, 在中国是仅次于外商直接投资和对外借款的第三大利用外资方式。随着中国市场经济体制的逐步建立和完善,企业融资渠道和交易方式呈现多元化、多样化趋势,以节能设备租赁和节能项目融资租赁为主要目的的现代租赁业务已经出现,并为许多企业认同和采用。

租赁融资以融资为主要目的,且有明显的购置特点。采用这种融资方式时,与租赁资产所有权有关的风险和利益几乎已全部转移给承租人。与租赁资产所有权有关的风险,指由于经营情况变化致使有关收入发生的变动;与资产所有权有关的利益,指在资产有效使用年限内直接使用它而获得的利益、资产本身的增值以及变卖残值所实现的收入。租赁融资通常是一种长期租赁,可以解决企业对资产的长期需要,集吸收资金和购置设备为一体,故有时也称为资本租赁。采用租赁方式,企业不必一次投资即可获得所需设备,可以缓解资金需求的压力,提高资金利用率,也可促使企业在现有资金规模上引进更多的设备和技术,达到提前更新设备的目的。

对于租赁融资项目中的设备购置,也可考虑采用此种方式。由项目执行企业向相关设备拥有企业租赁设备,完成项目。租赁企业从中获取设备的成本和合理利润后,与用户分享项目运行后产生的节能效益。在合同期内,设备所有权属于设备商。在设备商通过节能效益分享收回投资成本和得到合理利润以后,即合同结束,设备所有权和全部节能效益转移给项目企业。租赁融资的风险相对小,企业既可以与设备商分担风险,而且租赁实物还可以向银行抵押贷款,降低了融资成本。但是,租赁融资的设备租赁市场在中国还不成熟,尚处于试点阶段。具有丰富节能设备租赁实务经验的企业及专业人士也不多,这都给租赁融资带来一定困难。

节能减排目标的实施需要大量资金,而资金不足、融资难可能是节能减排的最主要障碍。如不解决,将很难实现节能减排目标。传统的节能减排资金来源和融资模式在市场经济发展中逐渐显出弊端,不能提供充足的资金支持节能减排项目的实施。实施节能减排项目，需要结合现实条件，提供新的资金供应渠道，设计科学合理的融资模式，充分利用社会资金，建立多元化的投资主体。这就需要推广一些新的融资模式，如合同能源管理、节能基金、担保基金，来保证节能减排的资金需求。

值得注意的是：市场改革特别是能源价格改革不充分，导致了中国的能源需求增长过快。中国现在面临着一个艰难的选择：较低的能源价格或是有效率的能源消费。然而这是一个必要的选择，并且还需要很快地确定。对于寻找一个与中国能源和环境实际情况相适应的、合理的工业结构和经济增长方式，无论是理论还是发展的经验都证明，市场的无形之手要比政府的有形之手有效得多。如果我们接受这种观念，那就有必要加速能源各个行业的市场化改革，尤其是让能源价格能够反映出能源的稀缺性和环境成本。如果没有真正切入到能源市场和价格问题上，促进节能和提高能源效率只能是一句空话，节能减排的资金投入也可能收效甚微。

（**林伯强** 文，原载《书屋》2007年第12期）

二元社会与三农问题

城乡二元社会是怎样形成的？

在世界各国，城乡分治只涉及行政建制与辖区划分以及政府组织与职能的繁简，而与居民的身份无关。市民抑或农民，只是一种职业或居住地的标识，并不存在一种行政上的身份管制或迁徙壁垒。在当代中国，却于城乡分治的行政建制基础之上逐步形成了城乡隔离的二元社会。这种社会制度的核心是僵化的、强制性分类的居民身份制度(户籍制度)。不同的身份享受截然不同的社会待遇，它是由一系列具体制度建起来的，包括：户籍制度、粮食供应制度、副食品与燃料供给制度、教育制度、就业制度、医疗制度、养老保险制度、劳动保护制度、人才制度、兵役制度、婚姻制度、生育制度等，上述十几种制度性的城乡差异，将中国农民置于近乎二等公民的境地。个人没有选择职业和居住地的自由，更没有选择居民身份的权利。市民身份(非农业户口)和农民身份(农业户口)是前定的,子女的户口类别随母亲,如果母亲是农业户口,即使父亲是非农业户口而且是家庭收入的主要来源,子女也只能登记为农业户口;即使子女长期随父亲居住在城市,也无缘改变自己的身份。只有政府才能改变一个人的身份,从而决定他一生的命运。这种城乡隔离二元结构下的户籍制度,称得上是地地道道的"中国特色"。它不可避免地成为城市化进程的制度障碍,并带来极其严重的经济和社会后果。尽管改革开放以来,行政建制上的城乡分治变成了城乡合治,在政策的掌握尺度上略有放宽,但是城乡隔离二元社会的基本格局并没有打破。

怎么会发生这种怪事呢?说来不可思议,它的出发点,恰恰是要"保障人民居住、迁徙自由"。这种自由的历史,就是从"保障自由"到失去自由。现行户籍制度的前身是从古代沿袭至今的保甲制度。户口登记制度以户为单位,不同于以个人为单位的公民身份证制度。这种制度有利于家长对家庭成员的控制,而不利于个别家庭成员的迁徙和城市化。但在1949年以前和五十年代初期,它还没有成为政府控制城市人口的工具。1951年7月16日,经政务院批准公安部颁布实施了《城市户口管理暂行条例》,规定在城市中一律实行户口登记,其第一条指明制定该条例的目的是"保障人民……居住、迁徙自由"。11月举行的第一次全国公安治安工作会议指出:"户口工作的任务是……保证人民居住迁徙之自由。"1953年4月,政务院发布了《为准备普选进行全国人口调查登记的指示》,并制定了《全国人口调查登记办法》。通过这次人口普查在农村建立了简易的户口登记制度。1954年12月,内务部、公安部、国家统计局联合发出通知,要求普遍建立农村的户口登记制度,加强人口统计工作,并规定农村户口登记由内务部主管，城镇、水上、工矿区、边防要塞区等户口登记由公安部主管，人口统计资料的汇总业务由国家统计局负责。1955年6月，国务院发出《建立经常户口登记制度》的指示，对人口的出生、死亡、迁出、迁入等变动登记作了明确规定。1956年2月，国务院指示把全国的户口登记管理工作及人口资料的统计汇总业务，统交公安机关负责。3月，全国第一次户口工作会议规定户籍管理工作的任务是"证明公民身份，便利公民行使权利和履行义务；统计人口数字，为国家经济、文化、国防建设提供人口资料；发现和防范反革命和各种犯罪分子活动，密切配合斗争"。在这一时期，还没有通过户籍制度对人口迁徙加以限制。1954年宪法第三章《公民的基本权利和义务》第九十条第二款规定："中华人民共和国公民有居住和迁徙的自由。"1954年至1956年是历史上户口迁移最频繁的时期，全国迁移人数达七千七百万，其中包括大量农民自发进入城镇居住并被企业招工。

户籍制度的普遍建立为政府对基本必需品的统购统销提供了最可靠的保障手段，反过来，粮食等基本必需品的统购统销又为限制人口自由迁徙提供了最强有力的控制工具。1953年11月23日，政务院发布《关于实行粮食的计划收购和计划供应的命令》和《粮食市场管理暂行办法》，规定"所有私营粮商，在粮食实行统购统销后，一律不准私自经营粮食"；"在城市，对机关、团体、学校、企业等的人员，可通过其组织进行供应；对一般市民，可发给购粮证，凭证购买，或暂凭户口簿购买。"1955年8月，国务院公布了《市镇粮食定量供应暂行办法》和《农村统购统销暂行办法》。前者规定：对全国非农业人口一律实行居民口粮分等定量并发给供应凭证的制度，供应凭证分为市镇居民粮食供应证、市镇居民粮食供应转移证、全国通用粮票和地方粮票四种。后者规定：除缺粮的经济作物产区人口、一般地区缺粮户、灾区的灾民外，农业人口一律自产粮食。这样一来，没有非农业户口从而也就没有粮食供应凭证的农民，如果自发迁移到城市中来，首先就会遇到无处觅食的困境。由于粮食统购统销和农村合作化的极速发展极大地打击了农村生产力，降低了农业生产率，政府面临日益严重的粮食短缺，这就使控制城市人口成为当务之急。

1957年12月18日，中共中央、国务院联合发出《关于制止农村人口盲目外流的指示》，要求通过严格的户口管理，做好制止农村人口盲目外流的工作。1958年1月9日，毛泽东以主席令颁布了全国人大常委会通过的《中华人民共和国户口登记条例》。根据该条例，户籍管理以户为基本单位。只有当人与住址相结合，在户口登记机关履行登记后，法律意义上的"户"才成立。户分为家庭户和集体户。公民在经常居住的地方登记为常住户口，一个公民在同一时间只能登记一个常住户口。公民在常住地市、县范围以外的地方暂住三日以上的须申报暂住登记。婴儿在出生后一个月以内须申报出生登记，并随母落户。公民迁出本户口管辖区，必须在迁出前申报迁出登记，领取迁移证，注销户口。不按条例规定申报户口或假报户口者须负法律责任。《条例》第10条规定："公民由农村迁往城市，必须持有城市劳动部门的录用证明，学校的录取证明，或者城市户口登记机关的准予迁入证明，向常住地户口登记机关申请办理迁出手续。"这样就正式确立了户口迁移审批制度和凭证落户制度，并以法规的形式限制农村户口迁往城市。1958年9月和1962年12月，有关部门先后规定："对农村县镇前往大中城市"及"中小城市迁住大城市的，特别是迁往北京、上海、天津、武汉、广州等五大城市的"，要加以控制。1977年11

月，国务院批转了公安部《关于户口迁移的规定》，确定了户口迁移的主要原则："从农村迁往市、镇（含矿区、林区等，下同），由农业户口转为非农业户口，从其他市迁往北京、上海、天津三市的，要严加控制。从镇迁往市，从小市迁往大市，从一般农村迁往市郊、镇郊农村或国营农场、蔬菜队、经济作物区的，应适当控制。"至此，以城乡二元为基本框架，由特大城市、大城市、中小城市、镇（含矿区、林区等）、市郊镇郊农村或国营农场、蔬菜队、经济作物区、一般农村梯次构成的等级制社会结构便完全成型了。《中华人民共和国户口登记条例》中的有关规定明显地与宪法相抵触，是严重违宪的立法。在1975年、1978年和1982年制定的三部宪法中，更是干脆取消了"公民有居住和迁徙的自由"的规定。

城乡隔离二元社会的形成，是实行优先发展重工业、军事工业的"赶超战略"和计划经济的产物。重工业、军事工业是资金密集型产业，在资金数量相同的条件下，优先发展重工业、军事工业就意味着比优先发展轻工业大幅减少城市中的工业就业人口。世界上许多国家在工业化初期都是优先发展劳动密集型产业，日本从十九世纪八十年代到二十世纪三十年代，工业人均资本拥有量大体呈下降趋势，而中国从1952年到1978年，每一工业劳动力占有的工业固定资产原值增长了四点八倍。据专家估算，如果不实行"赶超战略"，以相同数量的工业资本积累，应能增纳工业劳动力一万七千一百一十三点七万人，而实际只吸纳了八千零九十一万人。同时，政府也不愿意把建设资金花在城市基础设施和安置第三产业就业人口上。五十年代确定的城市建设工作方针是：首先集中力量建设那些有重要工程的新工业城市。至于第一个五年计划中工业建设不多的某些大城市和一般的中小城市，虽然还有许多旧社会遗留下来的不合理的地方和目前还不能满足人民物质文化生活要求的地方,但这些城市只能进行一般的维护检修,基本上不可能进行新的建设。为了集中力量保证工业建设,就是在各个重点城市中,也应以直接为工业生产服务的道路、上下水道、工人住宅等工程项目作为建设的重点。其他的生活福利设施虽然在做城市规划时必须充分考虑,但在建设的步骤上必须分别轻重缓急,必须随着工业的发展逐步地进行。1955 年 6 月,中共中央发出《坚决降低非生产性建设标准》的指示,将城市基础设施作为非生产性项目,要求压缩投入,降低标准。如果放任农民自发流入城市生活居住,势必增加对城市基础设施的要求,分散直接为工业生产服务的建设资金。在另一方面,由于统购统销以工农业产品剪刀差形式损害农民利益(有人估计 1954–1978 年间总额达六千亿元,超过名义上的农业税两倍),导致农业生产发展缓慢甚至倒退,对城市居民供应足够的粮食成为政府难以承受的沉重负担。陈云曾说:"农村能有多少剩余产品拿到城市,工业建设及城市的规模才能搞多大,其中关键是粮食。"这就促使中国政府把计划经济的苏联模式发展到一个极端,即把生产要素诸因素中最活跃的因素劳动力也完全纳入计划管理。事实上,户籍制度对人口迁徙的控制是被动的,从属于国家劳动就业的计划分配。政府对城市人口机械性增加的控制主要是通过国家劳动计划,而户籍管理则是保证这种计划控制得以有效实施的行政工具。

1955 年 5 月召开的全国劳动局长会议决定,建立国民经济各部门劳动力统一招收和调配制度。继五十年代初把从前政权接管人员"包下来"之后,1956 年国家又把公私合营企业的职工(包括转变为职员的前资本家)"包下来"。这时,高等院校和中等专业学校、技工学校的毕业生已经由国家统一分配工作，复员转业军人也由国家统一安置。于是在1955年至1957年间，基本形成了"统包统配"的劳动制度。这种制度不仅控制劳动力的"量"，而且控制劳动力的"质"。"文化大革命"期间，为了加强城市中的社会控制，消除"不安定因素"，先后把一千六百万城市知识青年下放农村，又从农村中招工一千多万人，实行了一次以文化程度低的劳动力对文化程度高的劳动力的大置换。在"统包统配"制度下，国家对城市中每年新成长的劳动力承担了安排就业的义务，用统一招收的方式将他们分配到企业和其他机构中；对于国家安排就业的人员，则由企事业单位负责提供各种福利，并不得随意辞退。这样，由国家"包下来"并通过单位享受"高福利"的城里人（非农业户口），便成为农民可望而不可即的"城市贵族"。1957年12月13日国务院《关于各单位从农村招用临时工的暂行规定》明确规定：城市"各单位一律不得私自到农村中招工和私自录用盲目流入城市的农民"，甚至连"招用临时工"也"必须尽量在当地城镇招用，不足的时候，才可以从农村中招用"。每年"农转非"的指标，国家控制在当地非农业人口的千分之一点五，只有特别有门路的农民，才可能一跃而跳过龙门，受到被公家"包下来的"恩宠。秦晖指出：在当代中国，农民与非农民的界限既不是在种田人与不种田人之间，也不是在大型聚落（"城市"）和小型聚落（"乡村"）之间，而是在两个世袭或准世袭的身份等级之间：农民就是那些非经特别批准便只能世代属于"农业户口"者，而非农民就是世代拥有"非农业户口"者。"外部权势的分配"使农民作为一种凝固性的身份性群体被整合进社会。身份的划分是非竞争性的，不依赖于个人的努力或机会，而是一种"传统的安排"。因此，身份制的社会必然是个人权利极不发达的社会。

身份制与城乡隔离二元社会的形成,导致城市化的严重滞后。在六十年和七十年代,发展中国家的城市化突飞猛进,中国的城市化却在原地踏步。特别是在六十年代初和“文革”期间,城市化人口还曾两度大幅下降。根据一些学者的研究,分别用IU比和NU比代表以就业比重和人口比重表示的工业化率与城市化率之比和非农产业化率与城市化率之比。1950年以来,发达国家的IU比和NU比基本都低于零点六和一点二,发展中国家也基本低于零点五和一点二;而中国1978年的IU比和NU比分别为零点九七和一点六五。也就是说,其他国家工业就业人口每增加一个百分点便相应增加两个百分点的城市人口,而中国增加一个百分点的工业就业人口相应只能增加城市人口一个百分点。由此而产生了制度性的城乡两地“夫妻分居”社会问题,影响到几千万人的家庭幸福与生活质量。如果用工业净产值占国内生产总值的比重来表示工业化率,问题就显得更加严重了。据国际比较,发达国家和发展中国家在工业化和城市化过程中,一般城市化率(城市人口占总人口比重)均高于工业化率;低收入国家高二个百分点,中下等收入国家高二十一个百分点,高收入国家如美国1970年高出五十个百分点,而中国1978年的城市化水平竟低于工业化水平三十一点五个百分点。中国科学院国情分析研究小组将城市劳动生产率与乡村劳动生产率之比定义为“城乡二元结构比率”。他们发现,按净产值计算该比率从1952年的一点六零提高到1978年的六点三八。由此而导致的城乡人均收入之巨大差距是史无前例、举世无双的,欧美国家没有出现过,苏东国家没有出现过,日、韩及中国的台湾地区也没有出现过。而且,通过对农民的“超经济剥削”而集中到城市中来的财富,并没有使“城市贵族”真正过上富裕的生活。国有资产的资金产出率日益下降，重复建设、无效投资比比皆是，仅一个三线建设，无效投资即达三百多亿元。城乡隔离二元结构通过阻断劳动力市场的自由流动，几十年来在经济效益上至少损失了十几万亿元现价人民币，这还不算它对政治民主、社会公正和人伦道德所造成的无法弥补的损害。

中共十一届三中全会后，对人为遏制城市化危害性的认识日益加深，政府开始逐步放松对人口迁徙的严格控制。首先终止了荒谬的逆向运作，结束了知识青年上山下乡的运动，解决了落实政策人员、返城知青和精简下放干部、职工在城市落户的问题。"农转非"的控制指标，从不超过当地非农业人口千分之一点五，调整为千分之二。1980 年 9 月，公安部、粮食部、国家人事局联合下发了《关于解决部分专业技术干部的农村家属迁往城镇由国家供应粮食问题的规定》，凡是符合条件的专业技术干部(高级专业技术干部，年龄在四十岁以上、工龄二十年以上的中级专业技术干部，有重大发明创造，在科研、技术以及专业工作上有特殊贡献的专业技术干部)，其家属"可采取分批、分期的办法"迁往城镇落户，不占公安部正常审批的控制比例。此后又陆续出台了几十项"农转非"政策，解决了党政处级以上干部、军队和政法系统干部、煤矿井下职工、三线艰苦地区职工、远洋船员等多类人员的家属迁入城镇落户或在原籍"农转非"的问题。从 1984 年到 1988 年的五年中，"农转非"人口累计达四千六百七十九万人。1984 年 1 月 1 日，中共中央《关于一九八四年农村工作的通知》指出：越来越多的人离开耕地经营，转入小工业和小集镇服务业，"是一个必然的历史性进步"，"各省、自治区、直辖市可选若干集镇进行试点，允许务工、经商、办服务业的农民自理口粮到集镇落户"。10 月，国务院发出《关于农民进集镇落户问题的通知》，规定：凡申请到集镇(指县以下集镇,不含城关镇)务工、经商、办服务业的农民和家属,在城镇有固定住所,有经营能力,或在乡镇企事业单位长期务工的,公安机关应准予落常住户口,发给《自理口粮户口簿》,统计为"非农业人口";粮油部门要做好加价粮油的供应工作,可发给《加价粮油供应证》。至1986年底,在不到三年时间里,全国办理自理粮食户口多达一百六十三万余户,计四百五十四万余人。此外,各地还陆续自行办理了集资性"农转非"。到1992年上半年,据公安部对十七省区九百五十个县市的不完全统计,共办理收费"农转非"户口二百四十八万人。针对这种混乱情况,同年8月,公安部代拟了《关于实行当地有效城镇居民户口制度的通知》,征求各方面意见。从10月开始,广东、浙江、山东、山西、河北等十多个省先后以省政府名义下发通知,并着手试行。"当地有效城镇户口"的实行范围是:小城镇以及国务院或省级政府批准建立的经济特区、经济技术开发区、高新技术产业开发区,重点是县城以下的集镇。办理的对象是:投资外商的国内亲属和聘用的管理人员、生产骨干及其直系亲属,投资内商所聘用的管理人员、生产骨干及其直系亲属,购买商品房和自建房的国内居民及其直系亲属,符合现行"农转非"政策因受指标限制不能在城镇入户的人员等。各地可根据需要适当收取城镇建设配套费(配合现行"农转非"政策者除外)。对办理了当地有效城镇居民户口的居民,按城镇常住人口进行管理,统计为"非农业人口",因其证件的印鉴用蓝色,故也称为"蓝印户口"。自理口粮户口纳入蓝印户口的管理范围。

1998年7月,《国务院批转公安部关于解决当前户口管理工作中几个突出问题意见的通知》提出:(1)今后实行婴儿落户随父随母自愿政策,对以往出生并要求在城市随父落户的未成年人,可以逐步解决其在城市落户问题。(2)放宽解决夫妻分居问题的户口政策,对已在配偶所在城市居住一定年限的公民,应根据资源的原则准予在该城市落户。(3)男性超过六十周岁、女性超过五十五周岁,身边无子女需到城市投靠子女的公民,可以在该城市落户。(4)在城市投资、兴办实业、购买商品房的公民及其直系亲属,凡在城市有合法固定的住所、合法稳定的职业或者生活来源,已居住一定年限并符合当地政府有关规定的,可准予在该城市落户。文件要求各省、自治区、直辖市政府结合本地发展情况和综合承受能力,制定相应的具体政策,并强调对于在城市落户的人员,不得收取城市增容费和类似增容费的费用。这是1978年以来户籍制度改革迈出的最大的一步。

尽管采取了上述一系列的宽松措施,在允许公民在国境内自由迁徙方面,中国要与世界通行准则接轨,仍然相距遥远。而且,不时地还会出现一些回潮。1989年10月,国务院在当时的政治经济大背景下,发出了《关于严格控制"农转非"过快增长的通知》,要求把"农转非"纳入国民经济与社会发展计划,实行计划指标与政策规定相结合的控制办法,即:各地审批"农转非"必须严格控制在国家下达的计划指标范围内,符合政策规定没有指标的,暂缓办理,有指标而不符合政策规定的,不予办理。广东省有城镇常住待定户口人员二十万余,本来可以按占非农业人口千分之零点五的比例,每年解决其中一部分人的城镇户口,国家对"农转非"实行计划管理,统一下达控制指标后,这些"黑人黑户"就成了"永久牌",完全无望在国家计划指标中占据一席之地。

迄今为止,中国城乡居民之间的身份壁垒尚未打破,二元社会也还没有转变为一体化社会,而是暂时处于"三元社会"的过渡状态。这三元分别是:持有非农业户口的市民、无户口或持有农业户口而长期居住在城镇的准市民，以及农村居民。据1990年全国人口普查数字，全国人户分离（在本地居住一年以上、常住户口在外地，或在本地居住不满一年、离开户口登记地一年以上）的有四千四百七十六万人，各类常住户口待定人员（即已有新常住地而无任何户口登记的"黑人黑户"）二千七百一十五万人。据公安部《一九九七年全国暂住人口统计资料汇编》，同年6月30日24时，全国登记暂住户口三千七百二十七点五万人，其中在农村务农者仅一百五十三万人。另有几千万城镇中的流动人口没有进行任何一类的户口登记，例如建筑包工队中的小工等。所谓准市民阶层，就是由以上几类人构成的。他们在城镇的各种经营活动中作为纳税人向国家交纳了税费，却不能享有市民阶层的各种权益和待遇，当然更谈不上享有在城镇中选举和被选举的自治权利。

然而，曙光毕竟已经出现。1993年，国务院户籍制度改革文件起草小组在草拟户籍改革总体方案时确认，改革的最终目标是取消多种性质的户口类型，废止"农转非"制度，实行全国统一的中华人民共和国居民户口，建立以《户籍法》为基础的科学完备的户籍管理体系。9月30日，国务院研究户籍制度改革问题的会议认为改革势在必行，并肯定了上述改革方向。1998年底，中国政府签署了联合国《公民权利和政治权利国际公约》。该公约第十二条第一款明确规定："合法处在一国领土内的每一个人在该领土内有权享受迁徙自由和选择住所的自由。"鉴于"依法治国"已经写入了修改后的宪法，人们没有理由怀疑中国政府在国际上的这一庄严承诺。城乡二元社会必将成为历史，公民平等权利在中国大地的实现已为期不远了。

（**何家栋　喻希来** 文，原载《书屋》2003年第5期）

三农问题与民粹派

“三农”指农业、农村、农民。“三农问题”泛指农村贫困化的问题。2000年3月8日，湖北省棋盘乡党委书记李昌平向国务院领导写信，反映“农村真穷、农民真苦、农业真危险”的情况，三农问题首次引起全国注意，目前中央正出台一系列政策扶助“三农”。

民粹派是十九世纪俄罗斯革命运动的一个派别。其成员多是富裕家庭或贵族出身的青年，他们身怀对“人民”的负罪感投身于革命运动，为这一事业甘愿弃绝私利，乃至自我牺牲。马克思曾经密切关注民粹派的斗争，热切赞扬他们的高尚品质（同时也指出错误与不足）。有关民粹派的文学作品非常多，如高尔基的《丹柯》、屠格涅夫的《门槛》。英国女作家伏尼契长期与民粹派交往，感于他们的事迹写了小说《牛虻》，只是把故事的背景换到了意大利[1]。今天的中国是很少有人知道民粹派了，但在清末民初，民粹派的事迹曾广为传播。梁启超在《论俄罗斯虚无党》(当时将民粹派称为虚无党)一文中热烈称赞民粹派："虚无党之事业，无一不使人骇，使人快，使人羡，使人崇拜。"[2]廖仲恺在《苏菲亚传》一文中感叹："女员之多，虚无党之特色也，岂此极灵秀之气，果独钟于女子乎？"[3]秋瑾以民意党(民粹派分支)女杰为自己学习榜样。即使到了国内革命战争时期，难友们在献给江姐的诗中还这样写道："你是丹娘的化身，你是苏菲亚的精灵……"[4]

但是三农问题与民粹派有什么关系？难道它能为现代中国提供解决三农问题的经验？这真是"海外奇谈"了。

民粹派是一个"屡犯错误"的组织。十九世纪七十年代"走向民间"运动失败，"寄意寒星荃不察，我以我血荐轩辕……"八十年代以个人恐怖手段与沙皇政权作斗争，牺牲了一整代精英；九十年代后分化，一派提倡渐进改革，被斥为"自由主义民粹派"，一派坚持暴力革命，更名为"社会革命党"[5]，两者都没有得到善终……

长留青史的，惟有那不合时宜之心……那泣血丹心。

在西方历史上，从来没有一个政治派别如民粹派爱农民之深！

"知识分子欠人民一笔债……"、"知识分子能读书，能从事科学研究和艺术创作，是由于人民(主要指农民)为他们创造了衣食和其他物资条件……"、"知识分子应当尽力改善人民的境遇，提高其智力、道德和觉悟，以报答深厚的养育之恩……"[6]、"离开纸醉金迷的生活，走向干粗活的人们！……"、农民是"兄弟"，"我的朋友，我的兄弟，你疲倦而又悲伤……"[7]、"走向民间，教农民读书，替农民诊病，以知识为农民服务……"

“月儿弯弯照高楼，高楼本是穷人修，寒冬腊月北风起，富人欢笑穷人愁……”成千上万知识青年自觉走向农村……

这是人类良心突然觉醒的时期，这是十九世纪俄国独有的现象。

民粹派何以叫民粹派？除了“民众之声、神明之音”为其宗旨外，与他们是“农民社会主义者”有关。何谓“农民社会主义”？这是一种特殊的“社会主义”理论。该理论认为，俄罗斯有独特的条件，能够避开资本主义走向社会主义。独特条件就是俄罗斯自古以来存在“村社”——一种“集体议事、土地公有、定期重分”的农村公社。“民粹派认为，能够以社会主义精神改造此后俄罗斯全部生活的主要阶级，是农民——当时所说的‘民众’。民粹派把农民公社、把劳动组合看作未来社会主义社会的主要阶层组织。他们觉得，如果农村中的旧制度能保留下来，如果旧制度下的合作精神，遇事‘共同’解决，‘大家一起’商量的习惯，以及宗法式的关系和观点能保留下来，那末，这就保证了国家将来可以消除资本主义的腐蚀性影响而过渡到社会主义。”[8]

这是什么理论？难怪在二十世纪九十年代与社会民主派的论战中，它会败下阵来。

百年已逝，当年的民粹派与论战对手俱已成为故人，今天当我们心平气和地回顾往事，不得不承认（不论民粹派的初衷是什么，保留传统价值？还是想减轻改朝换代的振荡？），旧村社是一种资源，民粹派“保留旧村社建设社会主义”极有见地。

管理成本实在是太低了！没有层层叠叠的管理机构，没有庞大的管理层。旧俄农村公社实行的是集体议事制——大事由“村会”（家长会议）、“长老会”（辈分高、德望高、家族关系广的长者会议）讨论，小事由村长决定，管理者也是劳动者，少数“公职人员”如村长、司书、司库等由两种会议选举产生，一般只有很少报酬[9]。几百年来，沙俄政府靠如此低成本管理着广大农村，不仅能养活国民，还有粮食出口（西方学者认为公社通过土地“定期重分”，“抑强扶弱”[10]，起了稳定农村的作用）。革命后苏联大大提高了农业管理成本，却长期粮食紧张，粮食人均产量始终达不到革命前水平，最后成了世界最大的粮食进口国[11]。值得后人好好深思。

李昌平的《“三农”寻思录》有一组这样的数据：中国有二千八百个县，每个县有六十多个科局，全国有近五万个乡镇，每个乡镇有十五个部门，县乡干部大约有三千二百万人，每年工资需三千二百亿元。全国有约八十万个行政村，四百六十万个自然村，村级干部约一千五百万人，年工资需七百亿元。县每个科局每年需三十万元运转费，乡每个部门每年需三万元运转费，全国总计六百亿元。广大农村地区公共品安排每年需一千亿元。另全国县乡村债务总达六千亿元（其中官方统计乡一级二千二百亿元），每年支付利息八百亿元。六笔总计，共六千三百亿元[12]。

六千三百亿不是个小数字，我国 GDP 总量 2000 年之前是七万五千亿[13]，2000 年达到八万亿，农业总产值（包括农村矿业产值）以百分之三十五计，约二万八千亿。我国农业人口为九亿，他们的生活总费用每人每年以二千四百元计（这是个很低的数字），总计二万一千六百亿。扣去这个数，二万八千亿剩六千四百亿，它拿来干什么？付帐？付上面的六千三百亿？

我们不懂经济学，但见过企业如何搞生产，一个企业决不会将它的年产值全部用于发工资，它必须留下折旧费用（用于设备维修）、技术更新费用、基建费用（有些体现在每年还贷中），它还要划出培训、教育经费，有时还要划出科研开发经费……这样的企业才有前途。农业不是企业，但它同是生产系统，万家同此理。

提一个外行问题：农业有没有“设备”？农业如何体现“折旧”？撇去河流、山川、大地、湖泊美的价值以及人文价值，大地、山川……不就是农业的“设备”吗？农业从大地生产产品如同企业从机器生产产品。从老祖宗算起（算两千年吧），谁为此“设备”一笔一笔付过折旧费？它负载着庞大的人口运行了两千年，现在已经超负荷，也许这才是“三农”困境的根源。现在我们认识到它应该大修了，可是我们一看，从农业自身的产值中，已经拿不出这笔费用，因为农业的“剩余价值”全部拿去养人了。

经济学界有种观点：搞工业化需要“原始积累”。资本主义靠掠夺殖民地取得原始积累，社会主义靠从农业取得原始积累。毛泽东也曾批评过前苏联搜刮原始积累太狠，把农民抠得太苦[14]。这个观点应该没有什么大错。我们也提出一个补充观点，即社会主义在前期是能从农业取得原始积累的，因为那个时候尚未形成“规模经济”，养人少。一旦“原始积累”化成了工厂、矿山、铁路……规模经济形成，国家有了“完善”的管理系统（农村也有了），就开始养人了。“原始积累”就没有了。

有人说，民粹派如果后来在苏联执政，也搞社会主义，一定不会搞腐败！他们想从腐败中得到什么？特权？各种享受？荣华富贵？这些特权他们原先不是都有吗？为了人民的幸福他们牺牲了一切乃至生命，与其今日，何必当初？托尔斯泰也说民粹派比其他政党高尚。——我们不敢苟同这种观点，人是会变的。但是我们敢肯定，民粹派若执政，苏联农业“剩余价值”不会拿去养人，也不会“原始积累”突然就没有了。他们会珍惜农业（他们本来就是农民社会主义者），苏联经济的泉头永远不会枯竭。在低成本、高效率的管理体制下，农村将有足够的费用投入科技及文化等基本建设。他们会比一般政治家更加珍惜环境。因为民粹派本来就热爱土壤，赞美俄罗斯的土壤到了痴迷的程度，竟称："不是什么比喻的、抽象的土，而是你以泥巴的形式粘在套鞋上从街上带回来的土"，"黑油油、潮乎乎的土"，"具有超历史的道德力量的土"，俄国人民不离"土"，就能"肩负人间一切重担，替我们医治心灵的伤痛"，离开了土，"俄国人民的世界观便不复存在"……[15]"舵手"如此热爱"土"，应该不会"舍了生存换发展"。

二十多年来，我国向资本主义学习了那么多管理法，为什么不学一学民粹派的"村社自治"？它还是(曾经)"同属一个革命阵营"[16]的呢！

有人疑问：我国从1986年就试行"村民自治"，还推行了农村民主选举，这不也是"村社自治"吗？

不一样！俄国的村社自治是几百年间自然形成的，村民已将村社当作了"精神共同体"[17]。在这种情况下管理成本极低，几乎不用设置专职公职人员。中国的村民自治尚需要一定数量的专职人员(临时性也要付工资)，否则公共事业就无法运转。俄国的村社自治体单一，管理职能"统包"[18]，国家无须再在县、乡设置专门管理农村的机构[19]。我国的"村民自治"目前还只是"农业管理的最后一环"。在其之上，县、乡"六十多个科、局，十五个部门"(李昌平语)仍然运行。前者造成我国农民"有费"，后者造成我国农民"有税"。据报道，中国是世界上为数不多的几个仍向农民征收农业税的国家之一[20]，原因是否在于此？"村民自治"确实将我国的农村改革推进了一大步，但"有税"、"有费"再加"剪力差"，使农民负担重的问题至今未得以解决，否则李昌平也不用写信了。

有人会提出，民粹派的“村社自治”落后，现代社会的许多复杂功能它无法承担。另外，列宁批判过民粹派的“村社社会主义”，指出它的空想、反动性[21]。其实“村社自治”是不是社会主义跟我们的“三农”毫无关系，它是也好不是也好，只要它的管理形式于我有用，借鉴搬用就是了。另外，所谓民粹派村社“空想、反动”一案也已经推翻了。1924年，德国社会党档案解禁，一封马克思致查苏里奇（民粹派女革命家）的著名信件被公布，流亡海外的社会革命党领袖“一片欢呼之声”，他们说，信件的观点证明：“在农村公社问题上，马克思肯定地站在民粹派一边。”该党领导人又说：“被扣压了四十年的致查苏里奇的信已使辩论有了结论。”[22]从信件看，马克思确实同意民粹派的村社可以“绕过资本主义卡夫丁峡谷”过渡到社会主义的观点。

那么，村社自治是不是很落后？它没有层层叠叠的管理机构，能不能承担现代社会的管理功能？我们最好去看一个现成的例子，它几乎就是民粹派“村社自治”的照搬。它已经成功运行了近一个世纪，目前生活富裕，现代化程度很高，尤为不可思议的是，它正处在“社会主义”向“共产主义”过渡的进程中，这就是以色列的“基布兹”（公社）。

一说起以色列，我们的眼睛就瞪圆了，“帝国主义”啦、“强盗”啦、“巴勒斯坦人民英勇斗争”啦。其实以色列人有很深的“社会主义情结”。二十世纪五十年代初期，社会主义对劳苦人民有很大的吸引力，苦海余生的犹太人对社会主义尤感兴趣。建国初期，以色列走过一段“社会主义弯路”，执行过社会主义政策，执行得有点太过了，有点“左”的味道。公有制啦，禁止私人贸易啦，去自由市场抓“二盘商”啦，那时以色列公务员打领带会被批评（“腐朽的资产阶级象征”），而警察则被人讥为“翻老太婆围裙(搜鸡蛋)的人”,常常觉得抬不起头来[23]。

上个世纪初,大批来自俄国的犹太人回归祖先故土,他们带去了社会主义憧憬,还将俄国农村公社移植到了以色列,这就是“基布兹”。以色列大半国土是沙漠半沙漠,淡水极度匮乏,农业环境极为恶劣。但以色列人在这种条件下仍发展了堪称世界上最先进的农业。粮食百分之九十五自给,蔬菜、水果、鲜花、禽类、奶制品大量出口。这其中基布兹发挥了重大的作用。

随着以色列经济发展,“今天的基布兹已经发生了很大的变化,有的仍以农业为主,有的已转向旅游业、服务业、工业。但基布兹奉行的财产公有、成员平等、各尽所能、按需分配、共同劳动、共同生活、集体进餐、民主管理等基本原则,却一直坚持下来”[24]。每个基布兹都有一个大食堂,“这里既是庄员集体进餐的场所,又是他们开展娱乐和民主管理的中心”。有人问,“这样吃‘大锅饭’,不怕养懒汉?”其负责人回答说,“基布兹在很大程度是靠信念和同舟共济精神维系起来的。能吃苦耐劳而且不计报酬者,经人介绍和庄员大会批准后方可加入。加入后还要再考察一年半。进了基布兹,工作、住房、生老病死都有保障……”[25]

这是什么主义?社会主义?不像!社会主义初级阶段?更不是!这也不是民粹派当初设想的“社会主义村社”。据基布兹负责人说,以前庄员还把劳动所得(工资)交公,最近才开始存入银行各人的户头[26]。何以基布兹人有这么强的集体主义精神?莫非基布兹精神是民粹派精神的隔代遗传?

它毕竟是从俄国移植过来的啊!

假如苍天有灵,民粹派的魂灵会不会走到马克思的面前,对他说:

"我们不是你的合格学生(民粹派经常称马克思为老师),但是你的合格学生的某些社会主义模式都失败了,只有我们的公社取得了成功!"马克思会不会这样回答:"我最近经常思考两个问题,第一,什么是社会主义、共产主义?还需要继续探索。第二,社会向何方发展与主义没有关系。再好的主义,人差,它就是坏主义。再差的主义,人好,它也会进化成好主义。你们民粹派人格高尚,比我那些合格学生强多了!"

我们不能学基布兹的"共同生活",更不能学"财产公有、集体进餐",1958年人民公社就留下惨痛的教训(但是为什么基布兹不惨痛?);我们也不能学民粹派公社的"长老会"(长老在哪里?),一个村只有两三个"干部",光杆司令。但是我们可以学它们如何简化管理,防止管理系统滚雪球长大。

相信农民的智慧。

注释:

〔1〕笔记抄录自二十世纪五十年代《译文》,原期号不详。

〔2〕〔3〕〔6〕蒋路:《俄国文史漫笔》,东方出版社1997年版,第232、232、235页。

〔4〕笔记抄录自罗广斌:《在烈火中永生》,中国青年出版社1959年版。

〔5〕〔9〕〔10〕〔11〕金雁、卞悟:《农村公社、改革与革命》,中央编译出版社1996年版,第260、93、93、190、269页。

〔7〕〔8〕(苏)布罗茨基主编:《俄国文学史》下册,作家出版社1956年版。

〔12〕李昌平:《我的困惑——"三农"寻思录之一》,《读书》2002年第7期。

〔13〕樊钢:《腐败每年损失一万亿》,《南方周末》2001年3月22日。

〔14〕《毛泽东选集》第5卷,第274页。原话为:"苏联的办法把农民挖得很苦。他们采取所谓义务交售制等项办法,把农民生产的东西拿走太多,给的代价又极低。他们这样来

积累资金,使农民的生产积极性受到极大的损害。”

〔15〕(俄)弗兰克著、徐风林译:《俄国知识人与精神偶像》序,学林出版社 1991 年版。

〔16〕〔17〕〔18〕 张建华:《从民粹主义到列宁主义》,《国际共产主义运动》(季刊)2002 年第 2 期。

〔19〕邵丽英:《改良的命运——俄国地方自治改革史》,社会科学文献出版社 2000 年版,第 27 页。

〔20〕刘黄:《农民小康决定现代化进程》,《中华工商时报》2002.12.12。

〔21〕参见列宁:《什么是人民之友以及他们如何攻击社会民主党?》。

〔22〕艾森伯格等著、时波、夏泰宁译:《摩沙迪》,上海译文出版社 1981 年版,第 99~100 页。

〔23〕〔24〕〔25〕〔26〕王伯伟:《基布兹——以色列的“人民公社”》,《福建日报》1994.5.24。

(**林子明** 文,原载《书屋》2003 年第 4 期)

现代困惑与乡村悲情

——张鸣教授《乡村社会权力和文化结构的变迁》读后

国家政权向乡村的渗透是二十世纪中国一个十分重要的历史现象，其缘起是1903年的清末新政，到1950年代的集体化运动之后告一段落。在这个过程中，国家逐渐成长为一个巨大的利维坦，没有任何力量可以对之进行制约，乡村和农民被紧紧地捆绑在国家前进的战车上。

对于这个历史现象的成因及其合理性，邹谠先生在《中国革命再阐释》一书中给出过一种理论解释，他认为近代以来所面临的内忧外患，使中国处于一种全面的危机之中：旧的制度已被打碎，新的体制尚待建立，整个国家处于一种分崩离析、支离破碎的状态，因而不得不任人宰割。中国人由此意识到，要实现民族复兴的梦想，就必须强化国家对社会的控制，以国家权力整合全社会的力量，达成富国强兵的目的。邹谠先生将这样一种政治观念定义为"全能主义政治"。而国家权力向乡村的渗透，自然是"全能主义政治"的应有之义。此外温铁军先生在《解构现代化》一书中，通过另一种途径阐释了大致相同的命题。他认为作为一个自然经济占据主导地位、工业基础非常薄弱的国家，尤其是在全球范围的殖民主义经济体系业已建立之后，中国要完成现代化所必需的原始积累，似乎只能把手伸向乡村和农民。

张鸣教授的《乡村社会权力和文化结构的变迁》(1903—1953)一书，则以一种实证主义的方式对上述理论观点提出了批评和质疑。

张鸣先生首先通过对一部清末"村图"的解说，向我们展示了一幅传统乡村的社会图景。他认为，传统意义上的乡村基本上处于乡绅主导下的自治状态，"乡绅无疑是乡村政治的中心，农民自然对这些人有仰视之感，而上头的政权在处理所有涉及乡村的政务时，也首先要顾及他们的意思"。这并不意味着国家政权对乡村政治完全不发生影响作用，不过"乡绅与国家政权之间的关系，在一般情况下基本上能达到某种平衡，国家默许乡绅对乡村某种形式上的实际控制，而乡绅也尽可能地维护国家的权威，保障国家权力的行使"。他还进而指出："传统乡绅在乡村的作用，一般是通过软性和间接的渠道实现的，他们的权力属于文化权威，来源于农村共同认可的文化氛围和资源，他们既不是村民的代理人，更不是经纪，甚至不能说是村民的管理者。拥有正统的、道德性的文化知识，和保持一定的道德权威，无疑是他们实现对乡村权力控制的必要前提。"既然传统乡村社会主要是靠着乡绅阶层的文化权威和人格感召维系的，而且一般农民也对这种政治基础表示认同，因而乡村社会通常呈现出一派田园牧歌般的安详与宁静，犹如沈从文笔下的边城，一切都是温情脉脉的，没有残酷的阶级对立，也没有你死我活的斗争。

然而自清末新政以来，国家开始了一场以现代化为导向的制度变革。这项制度变革最明显的标志之一就是地方自治的内涵变化。根据清政府1909年颁布的《城镇乡地方自治章程》和《城镇乡地方自治选举章程》，“乡镇的自治机关所管的事情几乎无所不包，大大地突破了太平天国之后办理公益的范围，从兴学办学的学务到公共卫生，从道路水利到农工商务，从整顿集市到筹集款项，即使衙门专管的诉讼官司，往往也会插上一脚”，于是地方“自治机关变成了这样一种东西，凡是从前官府管的它都管，从前官府不管的它也管，乡绅或者说村社精英的权力第一次不仅被公开化而且制度化，而且是被朝廷以法典的形式制度化了”。

张鸣先生认为，这种国家主导下的地方自治改革极大地改变了中国乡村社会的面貌。一方面随着半官方化自治机构权限的不断增加，少数村社精英的权势空前的膨胀，他们常常与政府官员相勾结，以暴力方式来推行地方政务，使得原来以文化道德认同和人际关系和谐为纽带的传统政治基础不复存在，同时造成乡村内部政治关系的严重失衡；另一方面大量半官方化自治机构的存在，导致全社会行政管理成本的急剧增加，而这种行政成本的增加最终又被政府以各种方式转嫁到本已凋敝不堪的乡村头上。于是两个十分严重的消极后果不期而至：第一是乡村精英阶层的劣绅化，第二是乡村经济和社会的全面破产。

此后无论是北洋政府还是国民党政府，都无一例外地延续了清末新政开启的国家政权下移之路。然而值得注意的是，在国家权力向乡村不断渗透的同时，国家权力本身也处于不断异化之中。长期的军阀混战导致了中央政府权力的式微，国家政权实际上完全控制在军人手中。那些军人政权为了巩固自己的势力范围，对乡村采取了更加赤裸裸的、竭泽而渔式的掠夺，彻底撕掉了原来蒙在乡村政治身上的那层道德面纱。张鸣先生将这种嬗变形象地称作"军刀下的政权下移"。这种权力下移进一步加速了农民的贫困和农村的破产，进一步败坏了原本纯朴的乡间民风，却未见得对于中国的现代化有何裨益。张鸣对此的解释是："基层政权和枪杆子有了前所未有的亲和，从而极大地损害了农村原有文化氛围，使乡村权力从文化性质转向武化。不仅摧毁了原有的道德氛围，而且损害了乡村的文化网络。在这个打着现代化招牌的军事化进程中，原有的民间社会空间受到了国家政权的全力挤压和侵蚀，通过这种挤压和侵蚀，实现国家政权的扩张，最大限度地将农村的资源集中到国家政权手中，以实现所谓的'富国强兵'的目标。这种趋势虽然没有将民间组织完全驱逐出局，但毕竟将农村的自组织系统摧残得七零八落，农村原有的互助、宗教、公益、自卫以及娱乐的功能大面积萎缩。"至此，"清末以来的政权下移，终于走到了它不应该去的地方，脱离了原来的现代化目的，走到了其反面"。

应该指出，张鸣先生对中国传统乡村社会的描述显然存在着过分理想化的倾向。他从批判现实的初衷出发，难免对"前现代文明"持有一种"同情之理解"，所以很自然地吟唱出一曲传统乡村的末世挽歌。然而张鸣先生对近代以来国家政权向乡村渗透过程的细致描述和深刻反思，无疑向人们揭示了中国现代化问题的症结所在。这里亟待澄清的两个问题是：第一，中国问题的关键不在于要不要实现现代化，而在于以何种方式去实现现代化。第二，中国问题的关键不在于要不要强化国家权力，而在于如何防止国家权力的异化。这两个方面归结到一起,就是如何解决国家权力扩张和国家现代化过程中的利益共享问题。如果这个过程被一部分人或者某些类群所操控,所产生的利益被一部分人或者某些类群所独占,其失败的结局将不言自明。

历史的事实正是如此。张鸣先生在书中告诉我们,在近代中国这个历史舞台上角逐的各派势力,为了自身能够立于不败之地,都将手伸向了乡村,通过从乡村掠夺的资源,来维持和扩大自己的势力范围。他们都把乡村当成了自己的金矿,不择手段地加以开采,直到乡村的最后一滴财源被榨光为止。晚清政府、北洋政府、南京政府、汪伪政权、山西的阎锡山、广西的李宗仁莫不如此。我们不能说他们的政策完全没有积极的诉求和积极的影响,但是从晚清至民国,中国社会的现代化始终举步维艰则是不争的事实。

更能说明问题的是,国民党政权逃到台湾以后,曾经在 1950–1970 年代实施过一个“经济复兴计划”,通过牺牲台湾南部的农业经济来推进北部的工业化,结果伴随着短暂的经济腾飞,台湾岛内南北两地的社会经济形成巨大反差。民进党正是利用了南部农民对国民党的反感,使南部地区成为了自己的票仓,最终迫使国民党继丢掉大陆之后,又丢掉了台湾[1]。

邹谠先生发明了“全能主义政治”这一理论概念,同时他对这种政治观念的局限性有着十分清醒的认识,所以他在论著中一再强调:“全能主义政治”作为一种应付危机的权宜之计,未尝不是一个合理的选择,但是一旦危机解除,就应该立刻放弃“全能主义政治”。从那些后发国家的现代化经验来看,国家权力的扩张与渗透是一把双刃剑,如果运用得好,它可以有效地整合各种社会资源，促进经济发展和社会转型；如果运用得不好，它可能导致政治、经济和文化的全面专制，破坏社会经济发展的自然生态，扼杀社会自身的发展活力。这个看法值得那些热衷宣扬“国家主义”和“新专制主义”的人三思。

（张鸣：《乡村社会权力和文化结构的变迁》(1903—1953)，广西人民出版社 2001 年版）

注释：

〔1〕王建民、刘红、曾润梅：《国民党下台内幕》，新华出版社 2005 年版，第 82~83 页。

（**卢元伟　董国强** 文，原载《书屋》2007 年第 6 期）

乡村的终结与乡村教育的文化缺失

每次回乡，都会有心灵的触动。一到家，总会听到若干村里的消息：和我同年的邻居媳妇因为肾病没及时医治转变成尿毒症更没钱治疗而去世，对门四十多岁的后生得了鼻咽癌，隔壁堂兄去福建开小餐馆赔了本，哪个人家买码赚了几十万，哪家人买码穷得一塌糊涂，村里的几个快九十岁的老人日子过得都不好，尽管子孙不少。还有哪个孩子今年考上了大学，哪家有人挖矿井断臂伤腿。站在那片熟悉而陌生的土地上，我静静环顾，突然感觉，我的乡村依然在时间与历史的长河中静静地躺着，生老病死，似乎跟外在的世界并没有多大的关系。这就是我的乡村，这就是我们的乡村，这就是中西部地区大多数乡村的真实面目。一只南美洲亚马孙河流域热带雨林中的蝴蝶，偶尔扇动几下翅膀，可能在两周后引得美国德克萨斯刮起一场龙卷风。面对乡村社会，蝴蝶效应其实许多时候不过只是知识人的浪漫想像与理论虚构。

乡村社会的边缘化与乡村文化的虚化

在通往现代化的路途之中，乡村社会完全处于劣势和被动的地位。为作为现代化代表的城市的繁荣，乡村社会贡献了自己最优秀的智力支援，最强壮的劳动力，甚至包括青春也献给了城市的享乐。他们获得了什么？他们获得的只是生存与温饱之间的挣扎。在与城市现代化被动接轨的过程中，乡村的被动与劣势实际上是在一步步扩大。正因为如此，在整个社会现代化的过程中，乡村不可避免地边缘化。这种局面的直接表现当然是经济发展的边缘化，即农村社会的经济形式继续充当城市的补充，以供应廉价劳动力与农产品为主导。乡村社会以向城市靠拢的方式，走向发展与富裕，这本身是无可非议的，是乡村社会发展的必然路径。关键的问题在于，在一个经济发展主宰一切的社会里，经济发展的边缘化必然导致文化的边缘化，导致乡村文化本身的虚化，这在今天实际上已越来越成了一个隐在的、却可以说是危机重重的、事关乡村社会生存命脉的大问题，如果我们认为乡村社会的发展不仅仅是经济的发展，而是整体文化与文明发展的话。

当求富裕成为乡村人压倒一切的生活目标、经济成为乡村生活中的强势话语，乡村社会由玛格丽特·米德所言的以年长者为主导的前喻文化迅速向以年轻人为主导的后喻文化过渡，年长者在乡村文化秩序中迅速边缘化，年轻人外出打工挣钱，见识和经济上的优势使得他们之中的成功者一跃而成为乡村社会中举足轻重的人物。恰恰是乡村社会的成功典范们由于更多地远离乡村生活，对于当下的乡村文化生活秩序而言，他们处于一种不在场的状态,不足以积极介入乡村文化秩序的积极建设之中,而传统乡村文化的代表——那些年长者则完全沦为乡村社会的边缘人物,乡村本土文化秩序处于迅速瓦解之中。更为关键的是乡村文化价值体系的解体，利益的驱动几乎淹没一切传统乡村社会文化价值,而成为乡村社会的最高主宰。乡村实际上在今天已不再是一个文化概念，而更多的是一个地域(相对于城市)、经济(相对于经济发达)的概念,乡村逐步沦为文化的荒漠。乡村生活已逐渐失去了自己独到的文化精神的内涵,赌博、买码、暴力犯罪,这在很大程度上都是乡村社会文化精神缺失的表征。

乡村社会在改革开放、走向现代的过程中,完全是属于被动的位置,乡村社会的文化内涵在以发展为中心的现代化框架中被隐匿。以城市取向为中心的外来文化的冲击使得原来的乡村文化秩序土崩瓦解。民歌、民间故事、民间曲艺逐渐从乡村消失,乃至绝迹,代际之间的乡村文化交流已经完全让位于对以金钱为中心的拜物教文化的崇拜,年夜饭也基本成了春节联欢晚会的点缀。乡村社会的独特性已经或者正在全然丧失，完全沦为城市文明的附庸。乡村其实越来越多地成了一个地域的概念，成了一个没有实质内涵、或者说缺少文化内涵的空洞符号,作为文化-生命内涵的乡村已经终结,乡村社会成为文化的看客,不再具有自我文化生长与更新的能力与机制。

乡村文化的解体与乡村少年精神的荒漠化

回想自己，我生长在湘中地区一个边缘的小山村，构成童年生命的重要内涵的，一是乡村伙伴与山野小溪、鸡犬牛羊之间自然活泼的嬉戏交流；一是老人与年长者在田间劳动之余讲述的民间故事，包括村里稍微多读了一点书的成人所讲的三国、水浒、西游记的故事，还有逢年过节时灯笼、舞狮各种民间文艺活动，以及一场场跑几个地方反复看的露天电影等。不难看出，构成乡村文化整体的，一是乡村独特的自然生态景观；一是建立在这种生态之上的村民们自然的劳作与生存方式；一是相对稳定的乡村生活之间的不断孕育、传递的民间故事、文化与情感的交流融合。正是在这种有着某种天人合一旨趣的文化生态之中，乡村表现出自然、淳朴而独到的文化品格。乡村少年身心沉浸其中，尽管生活条件艰苦，但却能在与自然的和谐相处中感受自然的美好，在参与村民自然劳作、与长者的故事交流以及多样的乡村民俗文化中感受乡村温暖的情怀，在田间地头乡村知识人的文化传播中获得心智的启蒙。正是乡村独到的文化寄予乡村少年生命以真实的乡村蕴涵。我这样描述童年的乡村并无意于给贫困时代的乡村涂抹亮色，而是实实在在地分析乡村文化的构成，以及这种文化对乡村少年成长的影响。

乡村文化的边缘化，乡村自身文化生态的破坏，直接导致乡村少年对自身周遭文化的冷漠，他们生存其中的土壤不足以带给他们生存的自信，从而无法给他们的生命以良好的情感呵护，使得他们不再把目光系于乡间。他们与生养他们的乡村自然同样失去了过去时代的那份亲近与美好，乡间已经逐渐地不再像逝去的时代那样成为人们童年的乐土。乡村作为文化存在的虚化直接导致乡村少年成长中本土资源的缺失，他们是地地道道地“生活在别处”。乡村少年与本土亲近性的缺失，使得乡村少年不再是文化意义上的乡村少年，他们中有许多人变得看不起乡土，看不起劳动，但他们又无所适从；他们同样不是城市文化意义上的少年，他们因此成了一种在文化精神上无根的存在，成了文化的荒漠中人。既有乡村文化处于解体之中，而新的适合农村儿童健康发展的合宜文化秩序又尚待建设，他们内在精神的贫乏就成为不可避免的大势。除开少数天资较好、能通过应试的成功获得心理上的肯定，大量的乡村少年在无根的文化处境中表现出明显的生存的无奈与自卑。

社会需要文化的支撑，教育更加如此。一种教育必然需要相应文化背景的全面滋养，需要本土文化的悉心呵护，那才是全方位滋养一个人的精神生命、发育人生各种细微情感的沃土。乡村儿童不仅仅生活在教师、课堂、书本所构成的知识生活之中，而且同时生活在乡村社会生活秩序与乡村文化底蕴无时无刻的渗透之中。电视传媒以及各种以城市为中心的外来文化价值的渗透对原来乡村文化价值生活秩序的冲击，中年父母在乡村儿童成长过程中的缺席，乡村文化精神的整体失落，必然导致乡村儿童精神生活的贫乏。加上乡村教育本身的落后，根本不足以积极应对、消解这种贫乏，这样的结果便是乡村儿童精神生活本身的荒漠化。大量的乡村少年不爱读书，厌恶读书，对读书失去了一份美好的情感。这其中绝不仅仅是一个读书的问题，也不仅仅是个别孩子因为家庭或者智力原因不爱读书，而是涉及乡村少年生命存在的根基的问题。说得严重一点，他们生存的精神根基正在动摇，或者说早已动摇。

湖南师大几个本科学生曾就乡村普遍存在的留守儿童现象进行了深入的调查访谈,他们的调查报告获得了全国大学生挑战杯科技竞赛一等奖。他们在调查中发现,很大一部分留守儿童沉溺于网络、电子游戏、色情影视和图书,打架斗殴乃是寻常小事。相当多的留守儿童经常逃学,到外面闲逛,沉溺于网吧与电游,甚至与社会不良青年厮混在一块,追求所谓的刺激,以至于抢劫、偷窃等行为也时有发生。面对这种情况,老师既痛心又无奈,学校对此一筹莫展。这些少年儿童认为,反正父母不在家,怎么处置都行,读书和不读书,本质上没什么区别,反正迟早要出去打工,而且亲戚邻居某某人,初中都没毕业,还不是一样的挣大钱,一样过着潇洒生活。在他们的身上,我们真的很难看出文化的影子,他们就像精神上无根的人,就像漂浮的影子,在乡村社会的时间与空间里游荡。

乡村文化的荒漠化对于处于经济弱势地位的乡村社会而言,确然有其必然性和毋庸置疑的合理性, 但这对于乡村儿童精神与人格发展而言,却可能是无法挽回的伤害。对于今天而言,我们关注乡村文化秩序的建构,绝不仅仅是简单的繁荣乡村文化的问题,更是一个事关千万乡村少年健康发展的重要问题。

重建乡村文化的尊严

2006 年初, 上海大学王晓明在由上海高校都市文化 E-研究院组织的"城市化进程中的乡村文化危机"学术研讨会上提出:相对于物质生活的质量低下,乡村所具有的悠久历史传统和本土气息的文化形态更是匮乏得近乎荡然无存,城市商品社会制造出来的流行文化、不切农村实际的生活方式和价值观却已经渗透到农村的每一个角落，这既体现在乡村教育的自觉追求中，也反映在青年农民的生活细节上。文化的核心与实质乃是一种生存方式。传统乡村文化之为一种独特的文化韵味，正在于其中所蕴涵的泥土般的厚重、自然、淳朴而又不乏温情的生存姿态。乡村文化的解体，其核心正在于传统乡村生活方式的土崩瓦解。乡村文化的虚化直接导致村民原子化生存与民间社会的解体，失去了既有文化的内在聚合力，乡村实际上越来越成为一盘散沙，利益成为彼此联系的压倒一切的纽带，金钱许多时候甚至可以轻易地盖过亲情，敬老爱幼这一乡村社会的基本美德也在许多时候轻易地被弃如敝屣。

我听说老家的村里有位快九十的老婆婆被媳妇推倒摔断了腿、又戳瞎了一只眼睛，别人还不能去看。她有几个儿子也都各顾各，没有人去更多地关心。传统乡间伦理价值秩序早已解体，法律根本难以进入村民日常生活，新的合理的价值秩序又远没有建立，剩下的就只能是金钱与利益。一个老婆婆就这样在乡村走向富裕的同时陷于生不如死的尴尬之中。这虽然是个别现象，但个别事物的存在中却真实地包含着当今时代乡村社会的诸多迹象，它只不过是乡村文化秩序解体、传统价值缺席的极端表现而已。包括近年来不断出现的源自农村社会的极端恶性犯罪，实际上都跟当前乡村文化秩序的解体有着密切的联系。

正因为如此，乡村文化的建设绝不是一个简单的问题，它需要整个社会生存理念以及对现代化想像的转变。在以求富裕作为整个社会基本生存姿态、以城市化等同于现代化的基本追求为背景的文化想像之中，乡村文化的边缘化是无可挽回的。只有当我们逐步倡导、树立一种开放、和谐、自由、精神的富足重于物质的享受为基本理念的生存方式，乡村文化才可能作为独立的文化品格进入现代化的视野之中。

乡村文化当然不应该是一个静态的概念，她需要不断更新，关键在于这种更新是基于内在发展的，而不是替代性的发展。当乡村本身不再作为乡村自身文化发展与更新的主体，而只是作为被动接受的容器，乡村实际上作为文化主体就已经死亡。所以，乡村文化的重建，其核心就是要恢复乡村文化的自信心，重建乡村作为社会文化有机体存在的尊严。

显然，在全社会欲望大开、趋利之心足以淹没一切的背景下，要从生存价值理念的引导入手，来重建乡村文化的自信心，是非常困难的，至少是过于理想化。可行的方式只能是在承认并尊重现有生存价值理念、尊重乡村社会对富裕的苛求的基础上，逐步引导、培植乡村文化的细水长流。这里包含着两个层面，一是发掘、培植、提升目前还存留着或者可能恢复的乡村文化种子，予以适当的扶植，使其具备自我生存与发展的能力，扩大传统乡村文化生存的空间；一是建立合适的机制，鼓励文化下乡，真正走进乡村生活世界之中，成为乡村文化的内涵，就像当年的露天电影一样，成为无数个乡村夜晚的美好记忆。目前的所谓文化下乡，实际上只是进一步凸现既有乡村文化的劣势，昙花一现，匆匆而过，并不足以融入乡村文化世界之中。

乡村教育是否可能作为文化荒漠之中的绿洲

小的时候，父亲就是这样教我，会读书的穿皮鞋，不会读书的穿草鞋。在我的印象中，父老乡亲反复告诫子女的，就是通过读书来走出农村社会、改变务农的命运。但在我的生命历程之中，乡村社会依然给我们那个年代的乡村少年以全面的精神滋养，足以让我们从中感受乡村社会的美好，找到自己存在其中的生命的欢娱。随着乡村文化价值的进一步失落，乡村社会的解体，浸润其中的文化背景早已不足以带给乡村少年生存的自信与积极向上的生命姿态，学校教育中以升学、逃离本土社会、进入社会的主流作为强势价值渲染，本土文化不足以给个人生存提供价值的基础与精神的支持，直接导致乡村少年的生存焦虑与精神迷失。

相对于个人完整生命而言，学校教育所能提供的文化滋养与价值教化总是简单的，不足以慰藉个人生命需要的多样性，人的健全发展需要个人周遭的生存空间的整体孕育。所以良好的教育需要学校文化与个人生存其中的隐性文化、本土文化的和谐与补充，个人周遭的缄默知识乃是个人成长重要的精神资源，在个人生命发育的过程中实际上有着无可替代的作用。当外来文化处于压倒一切的强势地位之时，本土文化就成了个人急于摆脱的衣襟。外来文化又不足以全面呵护个人的成长，这样的结果就只能是个人精神发育的畸形化。

培植乡村文化世界，就是在培植乡村少年的文化空间，就是在孕育乡村少年的文化生命。如果说乡村文化的荒漠化是一个短时期无法转变的事实，那么，对于乡村少年而言，在这荒漠之中唯一的指望就是乡村学校教育了。乡村学校教育是否可能成为乡村文化荒漠化之中乡村少年的救命稻草，为乡村少年树起一片精神的绿洲？这意味着在物质逐步发达的条件下乡村学校的重要性不是降低，而是需要大大地加强，乡村教育需要承担乡村文化虚化后给乡村少年成长留下的精神空白，全方位地抚慰、孕育乡村少年的生命肌体，培育他们的完整心性与情感。换言之，乡村学校既要在智识发展上继续深化传统乡村学校的教育功能，又要充当乡村文化虚化后全面含蕴乡村少年成长的精神保姆。乡村学校能否承受如此艰难的使命？何以承担如何重大的使命？

乡村教育需要承担起在乡村文化虚化的现实中营构一种积极的文化想像空间的职责,从而尽可能多地给予精神趋于贫乏的乡村少年以文化精神的抚慰。在乡村教育条件——不仅仅是硬件,更是软件,即乡村学校的文化品格的提升——很难一蹴而就的情况下,师资就成了决定乡村教育质量的关键之所在。缺少了好的教师,感受不到有意义的教育,这才是乡村孩子失学的关键内因。营构乡村教育的文化想像空间,需要那种真正能理解乡村、理解乡村少年境遇、扎根乡村社会、又有远见、心智活泼的教师,他们在开启乡村少年的知识视界的同时,能充分地引导乡村孩子理解周遭的乡村世界,吸收乡村社会的教育资源,从而引领乡村少年的乡村情感与意识的全面孕育,让他们真实地生活在他们所栖居的乡村环境之中,让他们不仅仅生活在对未来走出农门的想像之中,而且尽可能地生活在当下,并且亲近他们当下生活的世界。乡村教师的素质要求绝不仅仅是知识的多少与学历的高低,更是对乡村社会的亲近与广博的爱。

有着百年历史的中等师范教育作为中国特色的教育形式实际上真正受益的正是广大的乡村社会。中等师范曾经大量地吸引着具备优秀潜质的乡村少年,进入中师的学生大都是农家子弟,对乡村有着一种朴素的情感。他们中的绝大多数学成归来回报乡村社会。近年来,随着师范教育与国际接轨的呼声,为了提高办学层次,一夜之间宣告了中等师范学校的消失。提高教师学历层次,作为一种理想的追求当然是非常好的设想,但问题在于,高学历而又高素质的教师在目前条件下根本不可能大量地进入乡村学校，而高学历、低素质的教师进入乡村学校只会把对乡村社会的怨恨进一步传递给学生，强化学生对乡村世界的隔膜，所以实际上乡村社会更需要的是学历并不一定高、但素质较高的教师，他们用心从事乡村教育，他们才真正是乡村教育值得信赖的薪火。中等师范的“一刀切”，实际上是截断了乡村教育师资的源头活水，就目前而言，乡村教师的青黄不接已经成为一个日渐凸现的重要问题。所以，适当的保留、发展中等师范，采取必要的措施吸引比较优秀的乡村少年，一是给予学费上的优惠，免学费，还由政府提供适当的奖学金；二是提高师范教育水平，全面拓展师范生立足乡村社会所需要的文化意识和综合素养；三是改善乡村学校条件，提高乡村教师的待遇，这是一条适应当代中国农村社会需要的、真正具有中国特色的教育路径。相对稳定的、高素质的、富于爱心的师资，这是发展乡村教育、提升乡村文化，甚至实现整个乡村社会健康发展的重要保障。因为乡村教师的品质，在很大程度上，就直接地决定或者说影响了乡村少年发展的品质。

（**刘铁芳** 文，原载《书屋》2006 年第 10 期）

台湾农村建设经验及其启示

几乎所有后发展中国家或者地区都曾经是二元格局社会，也就是城市先进而农村却远远落后；它们要发展，就必须拉近城乡差别，使得农村和农业摆脱困局。否则，如果城乡差别不断扩大，势必形成断裂社会，对整个社会的生产生活都形成严重的威胁。在二十世纪四五十年代国民党败退之际，由于之前日本在台湾实行“工业日本、农业台湾”政策，台湾地区也是典型的二元格局社会，农村和农业极其衰败，当时的台湾省主席陈诚就如此描述：“农业落后造成农村社会内部之不安，极易为外邪所感染”，“不加改善，乱源即由此发生，证诸往事，历历不爽”。半个世纪过去，台湾在解决“三农”问题方面进行过多方面的改革，其中的成功经验值得大陆借鉴和学习。

台湾地区农村建设的经验

台湾地区在农村建设方面、在解决“三农”问题方面所做的工作，是一个长期的过程而不是毕其功于一役的运动，是一个系统的各个方面协调合作的过程，而不是零星的修修补补。笔者认为，台湾地区的农村建设至少有以下这些宝贵经验：

一、土地改革

土地改革对于台湾地区农村建设甚至对于台湾地区整个社会的经济起飞，都作出了“基础性的贡献”。土地改革使农民成为土地的主人，所以他们尽力地改良农田、采用良种、科学种田，从而提高产量、增加收入。农业得到了发展，就为工业的发展积累了资金，提供了原料，开拓了市场，准备了劳动力。二十世纪五六十年代台湾地区重点发展经济价值高的农作物，如香蕉、凤梨、洋菇、芦笋等等，并进行食品加工和开拓国际市场，当时其产品风靡欧美市场，特别是糖和洋菇等，这样就为台湾地区积累了大量外汇，台湾当局就有钱投放到纺织、化工等工业上，台湾地区开始走上工业化道路[1]。从这一点来看，台湾地区所走的路更像是“以农促工”而不是“以工促农”。土地改革之重要，正如台湾经济学家们一致指出的：“没有农业的发展，便没有工业的进步；没有土改，则没有农业的发展”。

台湾的土改可以分为三个阶段。第一阶段是“三七五减租”。1949 年 4 月 14 日陈诚颁布《台湾省私有耕地租用办法》，开始执行“三七五减租”，揭开土改序幕。“三七五减租”规定地主收取地租最高不能超过租地全年正产物的百分之三十七点五；如遇灾荒歉收，农民可以向政府申请，由政府敦促地主减租；如丰收则还是按1948年产量的百分之三十七点五来交租。随着技术进步、环境改善，产量肯定要比1948年的高，但是也只是按1948年标准来交租。“三七五减租”让佃农大收其益，生产积极性提高，收入也增多，农村经济有了好转。第二阶段是“公地放领”。日本殖民台湾时曾经占有大量良田，后来被国民党当局接收，约占到当时台湾可耕地总面积的百分之二十一点六。1948年4月台湾当局即开始做“公地放领”的试验，1951年6月4日颁布《台湾省放领公有耕地扶植自耕农实施办法》，全面开始了“公地放领”工作。承领者分十年向政府偿还地价，还清后就是土地所有者，地价为放领土地1948年正产物全年收获量的两倍半。第三阶段是全面实现孙中山先生提出的“耕者有其田”。1953年5月开始实行，规定地主拥有土地最高之限额，超过限额的地主所占耕地一律由政府征收并转售给农民；地价与“公地放领”是一样的，政府向地主以及农民向政府都是十年还清地价；而且政府向地主付地价时采取百分之七十土地债券，另加百分之三十股票的做法，从而直接迫使部分地主把卖地所得转为工业投入。

土改对于台湾地区农村建设甚至对于整个社会发展都具有重大影响。“在战后非革命性的土改中，台湾可以说是最成功的例子之一”，“土地改革运动是一项决定性的扫荡，它从根本上动摇了台湾传统农村社会的结构。而土改后农民自由度和收益增加，为台湾工业化的开展创造了要素条件，也打下了台湾所得分配均等的基础”，“农民虽然受到政府价格‘剪刀差’政策的剥夺，但从无恒产者变为有恒产者，感觉还是要比以前好得多”[2]。

二、农民自组织

如果说土改使台湾产生了“小农”，那么是农会、策略联盟等农民自组织又让“小农”变成了“大农”，从而让农民在市场经济浪潮中生存发展。

台湾农会有上百年历史，经历了官治和绅治等不同阶段，但最后发展成为农民自己真正的组织，一切只为农民利益服务的组织。上世纪五十年代初，国民党进行社会改造运动，提到要拓展党的社会基础，当时就向全党提出“在生活上与行动上与民众打成一片，深入民众，深入农村”；当时所颁布的《农民运动指导方案》规定，一切县市乡镇都要成立农会或渔会，但同时明确“发动组织农会渔会时，就先建立党的组织，如党员过少则就先吸收能起领导作用之农民渔民入党”[3]。此时的农会具有浓厚的官办党办色彩。但是七十年代台湾当局开始农村复兴时期，在1974年颁布实施的《农会法》中，为了使农会成为“农村建设”的“重要基层执行单位”，从组织上和动作上都进行了改革，使其从官办党办变成了农办民有，台湾农会成为了“农有、农治和农享的公益社团法人”。“农有”是指农会是农民的职业团体，“农治”则表示由农民自己来管理，而“农享”说的是其经济成果由农村和农民来享受。而实际运行上也是这样的。

台湾农会组织完善、功能齐全。台湾的乡、镇、县、市、省几乎都有自己的农会，其中乡农会是农民组织的基本单位。农会中由会员大会选举产生理事会和监事会；理事会聘请农会总干事，总干事是职业经理人，可以是本地人也可以是外地人甚至还可以是外国人；监事会监督总干事工作，总干事执行任务时如损害农会利益也要承担责任；总干事下面设立分工明确的各个部门，如有对农民进行信贷业务的农信部、推广农业技术的技术推广部，还有产品销售部、加工厂、会员福利部等。

九十年代,台湾当局还推动“策略联盟”,规划区域性的生产、加工和贸易。它与农会相互作用,相互促进。其实,台湾的农业“策略联盟”的主体就是农会;台湾乡一级农会一般都有自己的农产品加工厂和农产品超市,这往往就是“策略联盟”的组成部分。在遇到农产品价格波动很大时,农会与“策略联盟”一般会采取有效措施保护农民利益。

三、劳动力转移

这里所说劳动力转移主要的是说身份的转变,是指台湾阶级结构“循着农民-工人-中小企业主的主轴演进”。上世纪五十年代,台湾就有农村人口向城市工业部门转移,到1965年已有约一百万农村青年进入了城市成为打工者。这是由乡村到城市的流动,由农民向工人的转变。六十年代中期,跨国公司大举进入台湾,出口加工业遍布台湾城乡,一些先期流入城市的打工者回家创业,台湾农村地区“客厅即工厂”的农户生产方式成型,全台湾中小制造企业勃兴。这是由城市到农村的回流,由民工到业主的转变。

台湾地区劳动力转移中有两个因素很关键。第一,没有身份的排斥。不像目前大陆那样,农民到了城市也只能从事一些脏、苦、累、险工作,得到的是不平等的待遇,职业是工人了可是身份还是农民,中老年后还得回到农村。台湾地区的情况是这样的:“六十年代,农业人口在城乡之间的流动速度加快,农民、工人和小业主之间的身份转换频率也加快”,“到了七八十年代,台湾两大劳动阶级的身份分际越来越模糊不清”,到“八十年代初,在台湾全部劳动力人口中,只有不到百分之二十的人从事农业活动,并且他们之中有百分之九十是兼业农民”。第二,职业教育的兴起。职业教育的兴起,使得乡下青年学到更多更好的技术,从而更有可能在城市中找到一份工作,这也是台湾地区劳动力转移的一大因素。上世纪五十年代台湾普通高中与职业学校比例还是六比四,可是到八十年这一比例就变成了三比七。

四、资金扶持

在台湾地区农村建设过程中,台湾当局对农村建设进行了一定程度的资金扶持,台湾农会等农民自组织也在资金扶持方面发挥了重要作用。

政府方面:一方面,台湾农民的农产品生产和贸易是免税免费的,这无形中也是一种资金扶持。另一方面,国民党到台湾后实行"扶植民营工商业"的新政,官办银行不仅把对民间企业贷款作为自己的主要业务之一,而且对民营企业的贷款额逐渐超过国营企业。上世纪六十年代台湾农村地区兴起中小制造业时期,各中小制造业也必然在一定程度上得到银行贷款的支持。

农会方面:台湾地区乡一级农会一般都设有农信部,一个乡的农信部每年的贷款额一般都有数十亿甚至百亿以上。农民在农会贷款,只要以土地作抵押就可以了;如果土地的估价是一百就可以贷到九十;这对于资金不足的农民来说,无疑是种巨大的帮助。此外,台湾农会一般都对农村地区七十岁以上的老人发放各种福利,这也是资金支持的一种形式,至少可以让农村社会有更多的资金投放到其他建设。

应该从台湾农村建设经验中得到哪些启示?

台湾地区实行资本主义制度,祖国大陆则实行社会主义制度,各自的情况是不同的，经验是不能完全照抄的；但是我们两岸都是中国人，目前大陆改革开放，向先进外家学习先进经验，为什么就不能向海峡对岸同宗同源的同胞学习些经验呢。我认为，台湾农村建设能给我们以多方面的启示。

一、在土地制度方面进行适当改革，给予农民更多更大权力

台湾农村建设中有一个重要因素，就是土地资本市场的形成，这使得农民可以以土地为抵押向银行或者农会申请贷款，农民可以从土地的征购中、房屋的拆迁中得到更多的补贴。但是在大陆，这方面却存在一些障碍，农村土地集体所有制在现实中不时受到权力的操纵，土地成为了地方政府的"第二财政"，农民不容易从土地的征购中得到相应的足额的资金补偿，从而成为他们进行行业转换的启动资金。这样在中国大陆形成了不少没有生活保障的失地农民，这对于社会主义新农村建设无疑会是一个巨大的威胁。为此，有很多学者都认为应该在土地所有制方面进行相应改革，比如党国英就提出应该给予农民土地永佃权。在进行新农村建设之际，更加有必要真正赋予农民土地处分权，包括对承包权的转让、出租、入股、抵押等，从而促进形成一个土地使用权流转市场。

二、组建农会等农民自组织

建设新农村，就应该更好地维护农民的利益。为了更好地维护农民利益，很有必要组建扶持农会等农民自组织。分散的农民是无力的，只有组织起来，才有力量维护利益、反映问题、宣泄不满、调节矛盾。新农村建设需要农村地区的社会稳定，社会要稳定需要有畅通的民意表达机制，而农会等农民自组织就是农民的民意表达渠道，因为有组织的理性在利益表达上比非组织的理性更有效。此外，台湾的经验还表明，农会还可以

有资金信贷、技术推广等服务于农民的作用。

三、改革户籍制度，实行自由迁移

大陆有成千上万的农村青年在城市打工，但是由于户口方面的原因，他们没有办法真正融入到城市生活中，在城市中只能成为"二等公民"，而且一旦他们到了中老年还不得不回到农村再从事农业活动。这样，只能出现越来越多的人口挤在越来越少的土地上的现象，而不是像台湾地区那样农民人数越来越少。为此，必须循序渐进地因地制宜地改革户籍制度，实行自由迁移，不断地从土地上减少农民的人数。

四、大力发展农村职业教育

一方面，要发展面向农村服务农民的职业技术教育，培养一大批有文化、懂技术、善经营、会管理的新农民，通过新农民来建设新农村。另一方面，正视大陆还有上亿的农村剩余劳动力要转移到城市这一现实，必须在他们进入城市找工作之前进行相应的各种职业技能培训。

五、建立全国性的制度性回馈

所谓制度性回馈，也就是要从资金上扶持农村建设，建立城市对农村、工业对农业的转移性支付补偿机制，让农村也分享到现代化的成果。不仅政府要这样做，整个社会都应该这样，让资金真正流入到农村和农业中来。首先，要消除城乡间的各种不公平的制度，这是最大的问题。其次，银行、信用社等金融机构应该提高对农民的贷款力度。再次，制定全国统一的《政府转移支付法》，让支持农村建设的各种资金的流动透明化，让其发挥最大的效益。

实践证明，只有思想的大解放才能带来社会的大发展、大进步，没有一点"冒"的精神和"闯"的精神就不能迈开步子。建设新农村也是这样的道理。我们必须切实地解放思想,而跳出各种条条框框,勇敢地学习借鉴他人的已经被实践证明行之有效的经验办法,也是思想解放的一种形式。古人曾说过:“宜于两可莫粗心,事到万难须放胆。”既然我们已不可能回到过去,那就只能迎难而上,此外没有别的选择。

注释:

〔1〕孙代尧:《台湾威权体制及其转型研究》,中国社会科学出版社 2003 年版。

〔2〕李昌平、周婷:《台湾农业发展对大陆的启示》,《改革内参》2006 年第 19 期。

〔3〕转引自陈敏:《新农村建设背景下的乡村治理》,《南方周末》2006 年 8 月 11 日。

(**黄明英** 文,原载《书屋》2006 年第 12 期)